# Tempeh & Se
# recepty pro každé jídlo

100 vydatných, bílkovinami nabitých receptů pro chutnou veganskou kuchyni

**Liljana Tahiri**

© Copyright 2024 - Všechna práva vyhrazena.

Následující kniha je reprodukována níže s cílem poskytnout co nejpřesnější a nejspolehlivější informace. Bez ohledu na to lze nákup této knihy považovat za souhlas se skutečností, že vydavatel ani autor této knihy nejsou v žádném případě odborníky na diskutovaná témata a že jakákoli doporučení nebo návrhy zde uvedené slouží pouze pro zábavní účely. Před provedením některého z kroků zde schválených by podle potřeby měli být konzultováni odborníci.

Toto prohlášení je považováno za spravedlivé a platné jak Americkou advokátní komorou, tak Výborem asociace vydavatelů a je právně závazné v celých Spojených státech.

Kromě toho přenos, rozmnožování nebo reprodukce kteréhokoli z následujících děl včetně konkrétních informací bude považováno za nezákonné jednání bez ohledu na to, zda je provedeno elektronicky nebo v tištěné podobě. To se vztahuje na vytvoření sekundární nebo terciární kopie díla nebo zaznamenané kopie a je povoleno pouze s výslovným písemným souhlasem vydavatele. Všechna další práva vyhrazena.

Informace na následujících stránkách jsou obecně považovány za pravdivý a přesný popis faktů, a jako takové, jakákoli nepozornost, použití nebo zneužití dotyčných informací čtenářem způsobí, že jakékoli výsledné jednání bude výhradně v jeho kompetenci. Neexistují žádné scénáře, ve kterých by vydavatel nebo původní autor tohoto díla mohl být jakýmkoli způsobem považován za odpovědného za jakékoli těžkosti nebo škody, které je mohou potkat po provedení informací zde popsaných.

Kromě toho jsou informace na následujících stránkách určeny pouze pro informační účely, a proto by měly být považovány za univerzální. Jak se sluší na jeho povahu, je prezentováno bez ujištění ohledně jeho prodloužené platnosti nebo prozatímní kvality. Zmíněné ochranné známky jsou prováděny bez písemného souhlasu a nelze je v žádném případě považovat za podporu držitele ochranné známky.

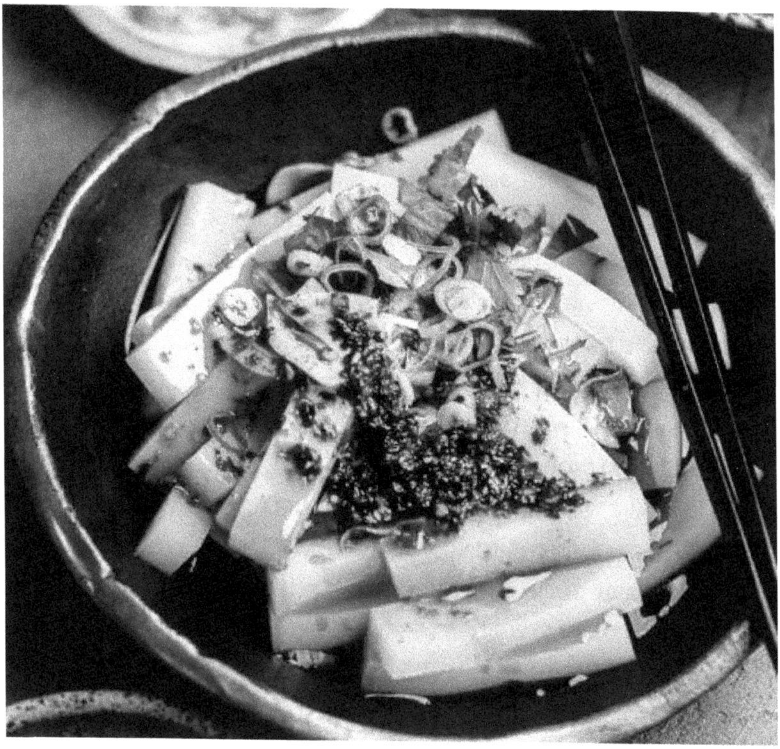

# Sommario

ÚVOD ..................................................................8

1. FAZOLOVÝ TVAROH S ÚSTŘICOVOU OMÁČKOU ...............10
2. SMAŽENÉ TOFU ................................................12
3. FERMENTOVANÝ FAZOLOVÝ TVAROH SE ŠPENÁTEM ............13
4. DUŠENÉ TOFU ..................................................15
5. ČÍNSKÉ NUDLE V ARAŠÍDOVĚ-SEZAMOVÉ OMÁČCE ............17
6. MANDARINKOVÉ NUDLE .........................................19
7. FAZOLOVÝ TVAROH S FAZOLOVOU OMÁČKOU A NUDLEMI ......21
8. TOFU PLNĚNÉ KREVETAMI ......................................23
9. FAZOLOVÝ TVAROH SE ZELENINOU SZECHWAN .................25
10. DUŠENÉ TOFU SE TŘEMI ZELENINAMI ..........................27
11. VEPŘOVÉ PLNĚNÉ TOFU TROJÚHELNÍKY .........................29
12. BRUSINKOVÉ PALAČINKY SE SIRUPEM ...........................31
13. SOJOVĚ GLAZOVANÉ TOFU ....................................33
15. KŘUPAVÉ TOFU SE ŠUMÍCÍ KAPAROVOU OMÁČKOU ............37
16. COUNTRY SMAŽENÉ TOFU SE ZLATOU OMÁČKOU .............39
17. ORANŽOVĚ GLAZOVANÉ TOFU A CHŘEST .......................41
18. TOFU PIZZAIOLA ..............................................43
19. "KA-POW" TOFU ..............................................45
20. TOFU NA SICILSKÝ ZPŮSOB ....................................47
21. THAI-PHOON STIR-FRY ........................................49
22. PEČENÉ TOFU MALOVANÉ HRANOLKY ..........................51
23. GRILOVANÉ TOFU S TAMARINDOVOU POLEVOU ................53
24. TOFU PLNĚNÉ ŘEŘICHOU ......................................55
25. TOFU S PISTÁCIOVĚ-GRANÁTOVÝM JABLKEM ..................57
26. OSTROV KOŘENÍ TOFU ........................................59

4

27. Zázvorové tofu s citrusovo-hoisinovou omáčkou ...............61
28. Tofu s citronovou trávou a sněhovým hráškem ...............63
29. Dvojité sezamové tofu s tahini omáčkou ...........................65
30. Tofu a eidamský guláš ......................................................67
31. Soy-Tan Dream Kotlety ....................................................69
32. Můj druh sekané ...............................................................71
33. Velmi vanilkový francouzský toast ...................................73
34. Sezamovo-sójová snídaňová pomazánka ........................75
35. Radiátor s omáčkou Aurora .............................................76
36. Klasické tofu lasagne .......................................................78
37. Lasagne s mangoldem a špenátem ................................80
38. Lasagne z restované zeleniny .........................................82
40. Lasagne Primavera ..........................................................86
41. Lasagne z černých fazolí a dýní ......................................89
42. Manicotti plněné mangoldem ...........................................91
44. Lasagne Větrníky .............................................................96
45. Dýňové ravioli s hráškem .................................................98
46. Artyčokovo-ořechové ravioli ..........................................101
47. Tortellini s pomerančovou omáčkou ..............................104
48. Zeleninové Lo Mein s Tofu ............................................106
49. Pad Thai .........................................................................108
50. Opilé špagety s tofu .......................................................111

**TEMPEH ...............................................................................113**

51. Špagety ve stylu Carbonara ..........................................114
51. Tempeh a zeleninová restování .....................................116
52. Teriyaki Tempeh .............................................................118
53. Grilovaný tempeh ...........................................................120
54. Orange-Bourbon Tempeh ..............................................122
55. Tempeh a sladké brambory ...........................................124
56. Kreolský Tempeh ...........................................................126

57. Tempeh s citronem a kapary ...128
58. Tempeh s glazurou javor & balsamico ...130
59. Lákavý tempeh chilli ...132
60. Tempeh Cacciatore ...134
61. Indonéský tempeh v kokosové omáčce ...136
62. Zázvorovo-arašídový tempeh ...138
63. Tempeh s bramborem a zelím ...140
64. Jižní Succotaš guláš ...142
65. Pečený kastrol Jambalaya ...144
66. Tempeh a sladký bramborový koláč ...146
67. Těstoviny plněné lilkem a tempehem ...148
68. Singapurské nudle s Tempeh ...150
69. Tempeh slanina ...153
70. Špagety a kuličky T-Ball ...154
71. Paglia E Fieno s hráškem ...157

**SEITAN ...159**

72. Základní Simmered Seitan ...160
73. Plněná pečená seitanová pečeně ...162
74. Seitan hrncová pečeně ...164
75. Večeře na díkůvzdání téměř o jednom jídle ...166
76. Seitan Milanese s Panko a citronem ...168
77. Seitan v sezamové krustě ...169
78. Seitan s artyčoky a olivami ...171
79. Seitan s omáčkou Ancho-Chipotle ...173
80. Seitan Piccata ...175
81. Seitan trojsemenný ...177
82. Fajitas bez hranic ...179
83. Seitan se zeleným jablkem Relish ...181
84. Seitan a brokolice-shiitake restovaná ...183
85. Seitan brochettes s broskvemi ...185

86. Grilovaný seitan a zeleninové kaboby ..............187
87. Seitan En Croute ..............189
88. Seitan a bramborová torta ..............191
89. Koláč rustikální chalupy ..............193
90. Seitan se špenátem a rajčaty ..............195
91. Seitan a vroubkované brambory ..............197
92. Korejské nudle restované ..............199
93. Jerk-Spiced Red Bean Chili ..............201
94. Podzimní guláš ..............203
95. Italská rýže se Seitanem ..............205
96. Dvoubramborový haš ..............207
97. Zakysaná smetana Seitan Enchiladas ..............209
98. Veganská pečeně plněná seitanem ..............212
100. Kubánský sendvič seitan ..............215

**ZÁVĚR** ..............**218**

# ZAVEDENÍ

Pokud chcete zkombinovat své zdroje bílkovin s rostlinnými zdroji, nehledejte nic jiného než Tofu jako snadno uvařitelnou veganskou nebo vegetariánskou variantu. Tofu je flexibilní, na vaření. Je to proto, že přichází v různých texturách (v závislosti na tom, kolik vody je vylisováno) a je docela nevýrazné. Vzhledem k tomu, že je relativně bez chuti, přijímá jiné chutě dobře, aniž by jim konkuroval.

Tofu, také známý jako fazolový tvaroh, je jídlo připravené koagulací sójového mléka a následným lisováním výsledných tvarohů do pevných bílých bloků různé měkkosti; může být hedvábná, měkká, pevná, extra pevná nebo super pevná. Kromě těchto širokých kategorií existuje mnoho druhů tofu. Má jemnou chuť, takže se dá použít do slaných i sladkých jídel. Často se koření nebo marinuje, aby vyhovovalo pokrmu a jeho chutím, a díky své houbovité struktuře dobře absorbuje chutě.

Pokud jste s tím ještě nikdy nepracovali, vaření tofu může být skličující. Ale jakmile se o tom trochu naučíte, už nemůže být jednodušší tofu dobře připravit! Níže najdete ty nejchutnější a nejjednodušší recepty, které můžete vařit jako profesionál!

**Jednoduché tipy na vaření tofu:**

- Ujistěte se, že jste vybrali správnou texturu. V obchodech s potravinami se pohybuje od hedvábného po pevný a extra pevný. Měkké hedvábné tofu by bylo mou volbou pro míchání do dezertů nebo krájení do miso polévky, ale pokud ho podáváte jako hlavní jídlo nebo ho doplňujete do misek, budete potřebovat extra tuhé. Má vydatnější, hutnější texturu a méně vody než jiné druhy tofu. Poznámka: Raději kupuji bio tofu vyrobené bez geneticky modifikovaných sójových bobů.

- Stiskněte to. Tofu obsahuje hodně vody a většinu z ní budete chtít vymáčknout, zvláště pokud ho pečete, grilujete nebo smažíte. Lisy na tofu jsou k dispozici v obchodech, ale mít je není nutné. Můžete použít hromádku knih, nebo prostě dělat to, co já, a rukama to lehce přimáčknout v kuchyňské utěrce nebo papírových utěrkách. (Jen se ujistěte, že netlačíte příliš silně, jinak se rozpadne!)

- Koření. To. Nahoru. Existuje důvod, proč tofu dostává flak za to, že je nevýrazné, a to proto, že je! Ujistěte se, že ji dobře okoříníte. Můžete ho marinovat nebo připravit podle receptu na tofu zapečené do křupava.

## 1. Fazolový tvaroh s ústřicovou omáčkou

- 8 uncí fazolového tvarohu
- 4 unce čerstvých hub 6 zelené cibule
- 3 stonky celeru
- červený nebo zelený pepř
- lžíce rostlinného oleje 1/2 šálku vody
- lžíce kukuřičného škrobu
- lžíce ústřicové omáčky 4 lžičky suchého sherry
- 4 lžičky sójové omáčky

Fazolový tvaroh nakrájíme na 1/2 palcové kostky. Houby očistíme a nakrájíme na plátky. Cibuli nakrájejte na 1 palcové kousky. Nakrájejte celer na 1/2 palce diagonální plátky. Odstraňte semena z pepře a nakrájejte papriku na 1/2 palcové kousky.

Zahřejte 1 lžíci oleje ve woku na vysokou teplotu. Fazolový tvaroh vařte v oleji za mírného míchání do světle hnědé barvy, 3 minuty. Odstraňte z pánve.

Zahřejte zbývající 1 lžíci oleje ve woku na vysokou teplotu. Přidejte houby, cibuli, celer a pepř, za stálého míchání opékejte 1 minutu.

Vraťte fazolový tvaroh do woku. Lehce promíchejte, aby se spojily. Smíchejte vodu, kukuřičný škrob, ústřicovou omáčku, sherry a sójovou omáčku. Nalijte na směs ve woku. Vařit a

mícháme, dokud se tekutina nevyvaří. Vařte a míchejte ještě 1 minutu.

## 2. Smažené tofu

- 1 blok pevného tofu
- ¼ šálku kukuřičného škrobu
- 4–5 šálků oleje na smažení

Tofu scedíme a nakrájíme na kostičky. Natřete kukuřičným škrobem.

Přidejte olej do předehřátého wok a zahřejte na 350 ° F. Když je olej rozpálený, přidejte čtverečky tofu a zprudka smažte, dokud nezezlátnou. Nechte okapat na papírových utěrkách.

**Výtěžnost 2¾ šálků**
Tento chutný a výživný koktejl je ideální snídaní nebo odpolední svačinkou. Pro extra chuť přidejte sezónní bobule.

## 3. Fermentovaný fazolový tvaroh se špenátem

- 5 šálků špenátových listů
- 4 kostky fermentovaného fazolového tvarohu s chilli
- Špetka prášku z pěti koření (méně než ⅛ čajová lžička)
- 2 lžíce oleje na smažení
- 2 stroužky česneku, nasekané

Špenát spaříme tak, že listy krátce ponoříme do vroucí vody. Důkladně sceďte.

Zkvašené kostky tofu rozmačkejte a vmíchejte prášek z pěti koření.

Do předehřátého woku nebo pánve přidejte olej. Když je olej rozpálený, přidejte česnek a za stálého míchání krátce orestujte, dokud nebude aromatický. Přidejte špenát a za stálého míchání opékejte 1–2 minuty.

Doprostřed woku přidejte rozmačkaný fazolový tvaroh a promíchejte se špenátem. Provařte a podávejte horké.

## 4. Dušené tofu

- 1 libra hovězího masa
- 4 sušené houby
- 8 uncí lisovaného tofu
- 1 šálek světlé sójové omáčky
- ¼ šálku tmavé sójové omáčky
- ¼ šálku čínského rýžového vína nebo suchého sherry
- 2 lžíce oleje na smažení
- 2 plátky zázvoru
- 2 stroužky česneku, nasekané
- 2 šálky vody
- 1 badyán

Hovězí maso nakrájíme na tenké plátky. Sušené houby namočte alespoň na 20 minut do horké vody, aby změkly. Jemně vymačkejte, abyste odstranili přebytečnou vodu, a nakrájejte.

Tofu nakrájejte na ½ palcové kostky. Smíchejte světlou sójovou omáčku, tmavou sójovou omáčku, rýžové víno Konjac, bílé a hnědé a dejte stranou.

Do předehřátého woku nebo pánve přidejte olej. Když je olej rozpálený, přidejte plátky zázvoru a česnek a za stálého míchání krátce orestujte, dokud nebude aromatický. Přidejte hovězí maso a vařte do zhnědnutí. Než se hovězí dopeče, přidejte kostky tofu a krátce orestujte.

Přidejte omáčku a 2 šálky vody. Přidejte badyán. Přiveďte k varu, poté stáhněte plamen a vařte. Po 1 hodině přidáme sušené houby. Vařte dalších 30 minut, nebo dokud se tekutina nezredukuje. Pokud chcete, odstraňte badyán před podáváním.

## 5. Čínské nudle v arašídově-sezamové omáčce

- 1 lb. nudle na čínský způsob
- 2 polévkové lžíce tmavý sezamový olej

**OBVAZ:**
- 6 polévkových lžic arašídové máslo 1/4 šálku vody
- 3 polévkové lžíce světlá sójová omáčka 6 lžic. tmavá sójová omáčka
- 6 polévkových lžic tahini (sezamová pasta)
- 1/2 šálku tmavého sezamového oleje 2 polévkové lžíce. sherry
- 4 lžičky Rýžový vinný ocet 1/4 šálku medu
- 4 střední stroužky česneku, nasekané
- 2 lžičky mletý čerstvý zázvor
- 2-3 lžíce. feferonkový olej (nebo množství podle vlastní chuti) 1/2 hrnku horké vody

V hrnci na středním plameni smíchejte vločky horké červené papriky a olej. Přiveďte k varu a okamžitě vypněte teplo. Necháme vychladnout. Sceďte v malé skleněné nádobě, kterou lze uzavřít. Dejte do lednice.

**OBLOHA:**
- 1 mrkev, oloupaná
- 1/2 pevné střední okurky, oloupané, zbavené semínek a oloupané 1/2 šálku pražených arašídů, hrubě nasekaných
- 2 zelené cibule, nakrájené na tenké plátky

Nudle uvařte ve velkém hrnci s vroucí vodou na středním plameni. Vařte do měkka a stále tuhé. Ihned sceďte a proplachujte studenou vodou, dokud nevychladne. Dobře sceďte a nudle pokapejte (2 lžícemi) tmavého sezamového oleje, aby se neslepily.

NA DRESINOVÁNÍ: smíchejte všechny ingredience kromě horké vody v mixéru a rozmixujte do hladka. Zředíme horkou vodou do konzistence smetany ke šlehání.

Na ozdobu oloupejte dužinu mrkve na krátké hoblinky dlouhé asi 4 palce. Vložte do ledové vody na 30 minut, aby se zkroutily. Těsně před podáváním promíchejte nudle s omáčkou. Ozdobte okurkou, arašídy, zelenou cibulkou a mrkvovými kadeřemi. Podávejte studené nebo při pokojové teplotě.

## 6. Mandarinkové nudle

- sušené čínské houby
- 1/2 libry čerstvých čínských nudlí 1/4 šálku arašídového oleje
- lžíce hoisin omáčky 1 lžíce fazolové omáčky
- lžíce rýžového vína nebo suchého sherry 3 lžíce světlé sójové omáčky
- nebo med
- 1/2 šálku rezervované tekutiny na namáčení hub 1 lžička chilli pasty
- 1 lžíce kukuřičného škrobu
- 1/2 červené papriky - v 1/2 palcových kostkách
- 1/2 8 uncové plechovky celé bambusové výhonky, nakrájené na 1/2 na kostky opláchnuté a okapané 2 šálky fazolových klíčků
- jarní cibulka - nakrájená na tenké plátky

Čínské houby namočte na 30 minut do 1 1/4 šálku horké vody. Zatímco se máčí, přiveďte k varu 4 litry vody a vařte nudle 3 minuty. Sceďte a promíchejte s 1 lžící arašídového oleje; zrušit.

Odstraňte houby; přecedíme a 1/2 šálku namáčecí tekutiny si necháme na omáčku. Ořízněte a vyhoďte stonky hub; kloboučky nakrájíme nahrubo a dáme stranou.

Smíchejte ingredience na omáčku v malé misce; zrušit. Kukuřičný škrob rozpusťte ve 2 lžících studené vody; zrušit.

Umístěte wok na středně vysokou teplotu. Když se začne kouřit, přidejte zbývající 3 lžíce arašídového oleje, poté houby, červenou papriku, bambusové výhonky a fazolové klíčky. Za stálého míchání smažte 2 minuty.

Omáčku zamíchejte a přidejte do woku a pokračujte v smažení, dokud se směs nezačne vařit, asi 30 sekund.

Rozpuštěný kukuřičný škrob smícháme a přidáme do woku. Pokračujte v míchání, dokud omáčka nezhoustne, asi 1 minutu. Přidejte nudle a míchejte, dokud se nezahřejí, asi 2 minuty.

Přendejte na servírovací talíř a posypte nakrájenou jarní cibulkou. Podávejte ihned

## 7. Fazolový tvaroh s fazolovou omáčkou a nudlemi

- 8 uncí čerstvých pekingských nudlí
- 1 12-uncový blok pevného tofu
- 3 velké stonky bok choy A 2 zelené cibule
- ⅓ šálek tmavé sójové omáčky
- 2 lžíce omáčky z černých fazolí
- 2 lžičky čínského rýžového vína nebo suchého sherry
- 2 lžičky černého rýžového octa
- ¼ lžičky soli
- ¼ lžičky chilli pasty s česnekem
- 1 lžička horkého chilli oleje (strana 23)
- ¼ lžičky sezamového oleje

- ½ šálku vody
- 2 lžíce oleje na smažení
- 2 plátky zázvoru, mleté
- 2 stroužky česneku, nasekané
- ¼ červené cibule, nakrájené

Nudle vaříme ve vroucí vodě, dokud nezměknou. Důkladně sceďte. Tofu scedíme a nakrájíme na kostičky. Předvařte bok choy tak, že jej krátce ponoříte do vroucí vody a důkladně scedíte. Oddělte stonky a listy. Zelenou cibuli nakrájejte na diagonále na 1-palcové plátky. Smíchejte tmavou sójovou omáčku, omáčku z černých fazolí, rýžové víno Konjac, černý rýžový ocet, sůl, chilli pastu s česnekem, horký chilli olej, sezamový olej a vodu. Zrušit.

Do předehřátého woku nebo pánve přidejte olej. Když je olej horký, přidejte zázvor, česnek a zelenou cibulku. Krátce orestujte, dokud nebude aromatická. Přidáme červenou cibuli a krátce orestujeme. Zatlačte do stran a přidejte stonky bok choy. Přidejte listy a za stálého míchání smažte, dokud nebude bok choy jasně zelený a cibule změkne. Pokud chcete, dochuťte ¼ lžičky soli Doprostřed woku přidejte omáčku a přiveďte k varu. Přidejte tofu. Několik minut povařte, aby tofu nasálo omáčku. Přidejte nudle. Vše promícháme a podáváme horké.

## 8. Tofu plněné krevetami

- ½ kila pevného tofu
- 2 unce vařené krevety, oloupané a zbavené
- ⅛ lžička soli
- Pepř podle chuti
- ¼ lžičky kukuřičného škrobu
- ½ šálku kuřecího vývaru
- ½ lžičky čínského rýžového vína nebo suchého sherry
- ¼ šálku vody
- 2 lžíce ústřicové omáčky
- 2 lžíce oleje na smažení
- 1 zelená cibule, nakrájená na 1-palcové kousky

   Sceďte tofu. Krevety omyjte a osušte papírovými utěrkami. Marinujte krevety v soli, pepři a kukuřičném škrobu po dobu 15 minut.

Sekáčkem držte rovnoběžně s prkénkem a rozřízněte tofu podélně napůl. Každou polovinu nakrájejte na 2 trojúhelníky a poté každý trojúhelník nakrájejte na další 2 trojúhelníky. Nyní byste měli mít 8 trojúhelníků.

Na jedné straně tofu prořízněte podélně řez. Naplňte ¼–½ lžičky krevet do štěrbiny.

Do předehřátého woku nebo pánve přidejte olej. Když je olej rozpálený, přidejte tofu. Tofu opékejte asi 3–4 minuty, alespoň jednou ho otočte a ujistěte se, že se nepřichytává ke dnu woku. Pokud vám zbydou krevety, přidejte je během poslední minuty vaření.

Doprostřed woku přidejte kuřecí vývar, rýžové víno Konjac, vodu a ústřicovou omáčku. Přiveďte k varu. Ztlumte plamen, přikryjte a vařte 5–6 minut. Vmícháme zelenou cibulku. Podávejte horké.

## 9. Fazolový tvaroh se zeleninou Szechwan

- 7 uncí (2 bloky) lisovaného fazolového tvarohu
- ¼ šálku konzervované zeleniny Szechwan
- ½ šálku kuřecího vývaru nebo vývaru
- 1 lžička čínského rýžového vína nebo suchého sherry
- ½ lžičky sójové omáčky
- 4–5 šálků oleje na smažení

Zahřejte alespoň 4 šálky oleje v předehřátém wok na 350 ° F. Zatímco čekáte, až se olej zahřeje, nakrájejte lisovaný fazolový tvaroh na 1-palcové kostky. Zeleninu Szechwan nakrájejte na kostičky. Smíchejte kuřecí vývar a rýžové víno a dejte stranou.

Když je olej rozpálený, přidejte kostky fazolového tvarohu a zprudka smažte, dokud nebudou světle hnědé. Sejměte z woku děrovanou lžící a dejte stranou.

Odstraňte z woku všechen olej kromě 2 lžic. Přidejte konzervovanou zeleninu Szechwan. Za stálého míchání smažte 1–2 minuty, poté přitlačte ke straně woku. Doprostřed woku přidejte směs kuřecího vývaru a přiveďte k varu. Vmícháme sójovou omáčku. Přidejte lisovaný fazolový tvaroh. Vše smícháme, pár minut povaříme a horké podáváme.

## 10. Dušené tofu se třemi zeleninami

- 4 sušené houby
- ¼ šálku rezervované tekutiny na namáčení hub
- ⅔ šálek čerstvých hub
- ½ šálku kuřecího vývaru
- 1½ lžíce ústřicové omáčky
- 1 lžička čínského rýžového vína nebo suchého sherry
- 2 lžíce oleje na smažení
- 1 stroužek česneku, nasekaný
- 1 šálek baby mrkve, rozpůlený

- 2 lžičky kukuřičného škrobu smíchané se 4 lžičkami vody
- ¾ libry lisovaného tofu, nakrájeného na ½-palcové kostky

Sušené houby namočíme alespoň na 20 minut do horké vody. Nechte si ¼ šálku namáčecí tekutiny. Sušené a čerstvé houby nakrájíme na plátky.

Smíchejte odloženou houbovou tekutinu, kuřecí vývar, ústřicovou omáčku a rýžové víno Konjac. Zrušit.

Do předehřátého woku nebo pánve přidejte olej. Když je olej rozpálený, přidejte česnek a za stálého míchání krátce orestujte, dokud nebude aromatický. Přidejte mrkev. Za stálého míchání opékejte 1 minutu, poté přidejte houby a restujte.

Přidejte omáčku a přiveďte k varu. Směs kukuřičného škrobu a vody promíchejte a přidejte do omáčky a rychle míchejte, aby zhoustla.

Přidejte kostky tofu. Vše smícháme, stáhneme plamen a 5–6 minut dusíme. Podávejte horké.

## 11. Vepřové plněné tofu trojúhelníky

- ½ kila pevného tofu
- ¼ libry mletého vepřového masa
- ⅛ lžička soli
- Pepř podle chuti
- ½ lžičky čínského rýžového vína nebo suchého sherry
- ½ šálku kuřecího vývaru
- ¼ šálku vody

- 2 lžíce ústřicové omáčky
- 2 lžíce oleje na smažení
- 1 zelená cibule, nakrájená na 1-palcové kousky

Sceďte tofu. Umístěte mleté vepřové maso do střední misky. Přidejte sůl, pepř a rýžové víno Konjac. Vepřové maso marinujte 15 minut.

Sekáčkem držte rovnoběžně s prkénkem a rozřízněte tofu podélně napůl. Každou polovinu nakrájejte na 2 trojúhelníky a poté každý trojúhelník nakrájejte na další 2 trojúhelníky. Nyní byste měli mít 8 trojúhelníků.

Podél jednoho z okrajů každého trojúhelníku tofu vyřízněte podélný zářez. Do výřezu nacpěte vrchovatou ¼ lžičky mletého vepřového masa.

Do předehřátého woku nebo pánve přidejte olej. Když je olej rozpálený, přidejte tofu. Pokud vám zbyde mleté vepřové maso, přidejte ho také. Tofu opékejte asi 3–4 minuty, alespoň jednou ho otočte a ujistěte se, že se nepřichytává ke dnu woku.

Doprostřed woku přidejte kuřecí vývar, vodu a ústřicovou omáčku. Přiveďte k varu. Snižte teplotu, přikryjte a vařte 5–6 minut. Vmícháme zelenou cibulku. Podávejte horké.

## 12. Brusinkové palačinky se sirupem

**Vyrobí 4 až 6 porcí**

1 šálek vroucí vody
$1/2$ šálku slazených sušených brusinek
$1/2$ šálku javorového sirupu
$1/4$ šálku čerstvé pomerančové šťávy
$1/4$ šálku nakrájeného pomeranče
1 lžíce veganského margarínu
1 $1/2$ šálků univerzální mouky
1 lžíce cukru

1 lžička prášku do pečiva
$1/2$ lžičky soli
1 $1/2$ šálků sójového mléka
$1/4$ šálku měkkého hedvábného tofu, okapaného
1 lžíce řepkového nebo hroznového oleje a další na smažení

V žáruvzdorné misce zalijte vroucí vodou brusinky a nechte asi 10 minut změknout. Dobře sceďte a dejte stranou.

V malém hrnci smíchejte javorový sirup, pomerančový džus, pomeranč a margarín a zahřívejte na mírném ohni a míchejte, aby se margarín rozpustil. Udržujte v teple. Předehřejte troubu na 225 °F.

Ve velké míse smíchejte mouku, cukr, prášek do pečiva a sůl a dejte stranou.

V kuchyňském robotu nebo mixéru kombinujte sójové mléko, tofu a olej, dokud se dobře nerozmixují.

Mokré ingredience nalijte do sušených a několika rychlými tahy promíchejte. Vmícháme změklé brusinky.

Na pánvi nebo velké pánvi rozehřejte tenkou vrstvu oleje na středně vysokou teplotu. Nalijte $1/4$ šálku až $1/3$ šálku těsta na rozpálenou pánev. Vařte, dokud se na povrchu neobjeví malé bublinky, 2 až 3 minuty. Palačinku otočte a vařte, dokud druhá strana nezhnědne, asi o 2 minuty déle. Uvařené palačinky přendejte na žáruvzdorný talíř a uchovávejte v teple v troubě, zatímco zbytek pečte. Podáváme s pomerančovo-javorovým sirupem.

## 13. Tofu v sójové glazuře

**Vyrobí 4 porce**

- 1 libra extra tuhého tofu, scezená, nakrájená na $1/2$-palcové plátky a lisovaná
- $1/4$ šálku opečeného sezamového oleje
- $1/4$ šálku rýžového octa
- 2 lžičky cukru

Osušte tofu do sucha a uložte do zapékací misky 9 x 13 palců a dejte stranou.

V malém hrnci smíchejte sójovou omáčku, olej, ocet a cukr a přiveďte k varu. Nalijte horkou marinádu na tofu a nechte 30 minut marinovat, jednou otočte.

Předehřejte troubu na 350 °F. Tofu pečte 30 minut, jednou v polovině otočte. Ihned podávejte nebo nechte vychladnout na pokojovou teplotu, poté přikryjte a chlaďte, dokud nebude potřeba.

## 14. Tofu ve stylu Cajun

**Vyrobí 4 porce**

- 1 libra extra tuhého tofu, okapaná a osušená
- Sůl
- 1 polévková lžíce plus 1 lžička Cajunského koření
- 2 lžíce olivového oleje
- $1/4$ šálku mleté zelené papriky
- 1 lžíce mletého celeru
- 2 lžíce nasekané zelené cibule

- 2 stroužky česneku, nasekané
- 1 (14,5 unce) plechovka nakrájených rajčat, okapaných
- 1 lžíce sójové omáčky
- 1 lžíce nasekané čerstvé petrželky

Tofu nakrájejte na $1/2$ palce silné plátky a posypte je z obou stran solí a 1 lžící cajunského koření. Zrušit.

V malém hrnci rozehřejte na středním plameni 1 lžíci oleje. Přidejte papriku a celer. Zakryjte a vařte 5 minut. Přidejte zelenou cibulku a česnek a vařte odkryté o 1 minutu déle. Vmíchejte rajčata, sójovou omáčku, petržel, zbývající 1 lžičku směsi cajunského koření a sůl podle chuti. Vařte 10 minut, aby se chutě propojily a odstavte.

Ve velké pánvi rozehřejte zbývající 1 lžíci oleje na středně vysokou teplotu. Přidejte tofu a vařte do zhnědnutí z obou stran, asi 10 minut. Přidejte omáčku a vařte 5 minut. Ihned podávejte.

## 15. Křupavé tofu se šumící kaparovou omáčkou

**Vyrobí 4 porce**

- 1 libra extra pevného tofu, scezená, nakrájená na $^1/_4$-palcové plátky a lisovaná
- Sůl a čerstvě mletý černý pepř
- 2 lžíce olivového oleje, v případě potřeby více
- 1 střední šalotka, mletá
- 2 lžíce kapary
- 3 lžíce nasekané čerstvé petrželky
- 2 lžíce veganského margarínu
- Šťáva z 1 citronu

Předehřejte troubu na 275 °F. Tofu osušíme a dochutíme solí a pepřem podle chuti. Vložte kukuřičný škrob do mělké misky. Tofu pokapeme v kukuřičném škrobu, obalíme všechny strany.

Ve velké pánvi rozehřejte na středním plameni 2 lžíce oleje. Přidejte tofu, v případě potřeby po dávkách, a opékejte dozlatova z obou stran, asi 4 minuty z každé strany. Opečené tofu přendejte na žáruvzdorný talíř a udržujte teplé v troubě.

Ve stejné pánvi rozehřejte zbývající 1 lžíci oleje na středním plameni. Přidejte šalotku a vařte do změknutí, asi 3 minuty. Přidejte kapary a petržel a vařte 30 sekund, poté vmíchejte margarín, citronovou šťávu a sůl a pepř podle chuti a míchejte, aby se margarín rozpustil a zapracoval. Tofu přelijeme kaparovou omáčkou a ihned podáváme.

## 16. Country smažené tofu se zlatou omáčkou

**Vyrobí 4 porce**

- 1 libra extra tuhého tofu, scezená, nakrájená na $1/2$-palcové plátky a lisovaná
- Sůl a čerstvě mletý černý pepř
- $1/3$ šálku kukuřičného škrobu
- 2 lžíce olivového oleje
- 1 středně sladká žlutá cibule, nakrájená
- 2 lžíce univerzální mouky
- 1 lžička sušeného tymiánu
- $1/8$ lžičky kurkumy
- 1 šálek zeleninového vývaru, domácího (viz Světlý zeleninový vývar ) nebo z obchodu
- 1 lžíce sójové omáčky

- 1 šálek uvařené nebo konzervované cizrny, scezené a propláchnuté
- 2 lžíce nasekané čerstvé petrželky, na ozdobu

Tofu osušíme a dochutíme solí a pepřem podle chuti. Vložte kukuřičný škrob do mělké misky. Tofu pokapeme v kukuřičném škrobu, obalíme všechny strany. Předehřejte troubu na 250 °F.

Ve velké pánvi rozehřejte na středním plameni 2 lžíce oleje. Přidejte tofu, v případě potřeby po dávkách, a vařte dozlatova z obou stran, asi 10 minut. Opečené tofu přendejte na žáruvzdorný talíř a udržujte teplé v troubě.

Ve stejné pánvi rozehřejte zbývající 1 lžíci oleje na středním plameni. Přidejte cibuli, přikryjte a vařte do změknutí, 5 minut. Odkryjte a snižte teplo na minimum. Vmíchejte mouku, tymián a kurkumu a za stálého míchání povařte 1 minutu. Pomalu zašlehejte vývar, poté sójové mléko a sójovou omáčku. Přidejte cizrnu a dochuťte solí a pepřem podle chuti. Pokračujte ve vaření za častého míchání po dobu 2 minut. Přendejte do mixéru a zpracujte do hladka a krému. Vraťte do hrnce a zahřívejte, dokud není omáčka příliš hustá, přidejte ještě trochu vývaru. Na tofu nalijeme omáčku a posypeme petrželkou. Ihned podávejte.

## 17. Oranžově glazované tofu a chřest

**Vyrobí 4 porce**

- 2 lžíce mirinu
- 1 lžíce kukuřičného škrobu
- 1 (16 uncový) balíček extra tuhého tofu, okapané a nakrájené na $1/4$ palcové proužky
- 2 lžíce sójové omáčky
- 1 lžička praženého sezamového oleje
- 1 lžička cukru
- $1/4$ lžičky asijské chilli pasty
- 2 lžíce řepkového nebo hroznového oleje
- 1 stroužek česneku, nasekaný
- $1/2$ lžičky mletého čerstvého zázvoru
- 5 uncí tenkého chřestu, tuhé konce oříznuté a nakrájené na kousky o velikosti $1\ 1/2\ _{palce}$

V mělké misce smíchejte mirin a kukuřičný škrob a dobře promíchejte. Přidejte tofu a jemně promíchejte, aby se obalilo. Nechte 30 minut marinovat.

V malé misce smíchejte pomerančový džus, sójovou omáčku, sezamový olej, cukr a chilli pastu. Zrušit.

Ve velké pánvi nebo woku rozehřejte řepkový olej na středním plameni. Přidejte česnek a zázvor a za stálého míchání smažte, dokud nebude voňavý, asi 30 sekund. Přidejte marinované tofu a chřest a za stálého míchání opékejte, dokud tofu nezezlátne a chřest nezměkne, asi 5 minut. Vmíchejte omáčku a vařte ještě asi 2 minuty. Ihned podávejte.

## 18. Tofu Pizzaiola

**Vyrobí 4 porce**

- 2 lžíce olivového oleje
- 1 (16 uncový) balíček extra tuhého tofu, okapané, nakrájené na $1/2$-palcové plátky a lisované (viz Světlý zeleninový vývar )
- Sůl
- 3 stroužky česneku, nasekané
- 1 (14,5 unce) plechovka nakrájených rajčat, okapaných
- $1/4$ šálku olejových sušených rajčat, nakrájených na $1/4$ palcové proužky
- 1 lžíce kapary
- 1 lžička sušeného oregana
- $1/2$ lžičky cukru

- Čerstvě mletý černý pepř
- 2 lžíce nasekané čerstvé petrželky, na ozdobu

Předehřejte troubu na 275 °F. Ve velké pánvi rozehřejte na středním plameni 1 lžíci oleje. Přidejte tofu a opékejte dozlatova z obou stran, jednou otočte, asi 5 minut z každé strany. Tofu posypeme solí podle chuti. Opečené tofu přendejte na žáruvzdorný talíř a udržujte teplé v troubě.

Ve stejné pánvi rozehřejte zbývající 1 lžíci oleje na středním plameni. Přidejte česnek a vařte do změknutí, asi 1 minutu. Nehnědnout. Vmícháme nakrájená rajčata, sušená rajčata, olivy a kapary. Přidejte oregano, cukr, sůl a pepř podle chuti. Dusíme, dokud nebude omáčka horká a chutě se dobře propojí, asi 10 minut. Osmažené plátky tofu polijeme omáčkou a posypeme petrželkou. Ihned podávejte.

## 19. "Ka-Pow" tofu

**Vyrobí 4 porce**

- 1 libra extra pevného tofu, scezená, osušená a nakrájená na 1-palcové kostky
- Sůl
- 2 lžíce kukuřičného škrobu
- 2 lžíce sójové omáčky
- 1 lžíce vegetariánské ústřicové omáčky

- 2 lžičky Nothin' Fishy Nam Pla nebo 1 lžička rýžového octa
- 1 lžička světle hnědého cukru
- $1/2$ lžičky drcené červené papriky
- 2 lžíce řepkového nebo hroznového oleje
- 1 středně sladká žlutá cibule, rozpůlená a nakrájená na $1/2$-palcové plátky
- středně červená paprika, nakrájená na $1/4$-palcové plátky
- zelená cibule, nakrájená
- $1/2$ šálku lístků thajské bazalky

Ve střední misce smíchejte tofu, sůl podle chuti a kukuřičný škrob. Hodit na kabát a odložit.

V malé misce smíchejte sójovou omáčku, ústřicovou omáčku, nam pla, cukr a drcenou červenou papriku. Dobře promíchejte, aby se spojily a dejte stranou.

Ve velké pánvi rozehřejte 1 lžíci oleje na středně vysokou teplotu. Přidejte tofu a vařte do zlatova, asi 8 minut. Sundejte z pánve a dejte stranou.

Ve stejné pánvi rozehřejte zbývající 1 lžíci oleje na středním plameni. Přidejte cibuli a papriku a za stálého míchání opékejte do změknutí, asi 5 minut. Přidejte zelenou cibulku a vařte ještě 1 minutu. Vmíchejte osmažené tofu, omáčku a bazalku a za stálého míchání smažte, dokud nebude horké, asi 3 minuty. Ihned podávejte.

## 20. Tofu na sicilský způsob

**Vyrobí 4 porce**

- 2 lžíce olivového oleje
- 1 libra extra pevného tofu, scezená, nakrájená na $1/4$ palcové plátky a lisovaná sůl a čerstvě mletý černý pepř
- 1 malá žlutá cibule, nakrájená
- 2 stroužky česneku, nasekané
- 1 (28 uncí) plechovka nakrájených rajčat, okapaných
- $1/4$ šálku suchého bílého vína
- $1/4$ lžičky drcené červené papriky
- $1/3$ šálku vypeckovaných oliv Kalamata
- 1 $1/2$ lžíce kaparů
- 2 lžíce nasekané čerstvé bazalky nebo 1 lžička sušené (volitelně)

Předehřejte troubu na 250 °F. Ve velké pánvi rozehřejte na středním plameni 1 lžíci oleje. Přidejte tofu, v případě potřeby po dávkách, a opékejte dozlatova na obou stranách, 5 minut na každé straně. Dochuťte solí a černým pepřem podle chuti. Uvařené tofu přendejte na žáruvzdorný talíř a během přípravy omáčky udržujte v troubě teplé.

Ve stejné pánvi rozehřejte zbývající 1 lžíci oleje na středním plameni. Přidejte cibuli a česnek, přikryjte a vařte, dokud cibule nezměkne, 10 minut. Přidejte rajčata, víno a drcenou červenou papriku. Přiveďte k varu, poté snižte teplotu na minimum a vařte bez pokličky 15 minut. Vmícháme olivy a kapary. Vařte ještě 2 minuty.

Tofu naaranžujte na talíř nebo jednotlivé talíře. Navrch nalijte omáčku. Pokud používáte, posypte čerstvou bazalkou. Ihned podávejte.

## 21. Thai-Phoon Stir-Fry

**Vyrobí 4 porce**

- 1 libra extra tuhého tofu, okapané a poplácané dr
- 2 lžíce řepkového nebo hroznového oleje
- střední šalotka, rozpůlená podélně a nakrájená na $1/8$-palcové plátky
- 2 stroužky česneku, nasekané
- 2 lžičky strouhaného čerstvého zázvoru
- 3 unce bílých kloboučků hub, lehce opláchnuté, osušené a nakrájené na $1/2$-palcové plátky
- 1 lžíce krémového arašídového másla
- 2 lžičky světle hnědého cukru
- 1 lžička asijské chilli pasty
- 2 lžíce sójové omáčky

- 1 lžíce mirin
- 1 (13,5 unce) plechovka neslazeného kokosového mléka
- 6 uncí nakrájeného čerstvého špenátu
- 1 lžíce praženého sezamového oleje
- Čerstvě uvařená rýže nebo nudle k podávání
- 2 lžíce jemně nasekané čerstvé thajské bazalky nebo koriandru
- 2 lžíce drcených nesolených pražených arašídů
- 2 lžičky mletého krystalizovaného zázvoru (volitelně)

Tofu nakrájejte na $1/2$-palcové kostky a dejte stranou. Ve velké pánvi rozehřejte 1 lžíci oleje středně vysoké teplo. Přidejte tofu a za stálého míchání smažte do zlatova, asi 7 minut. Vyjměte tofu z pánve a dejte stranou.

Ve stejné pánvi rozehřejte zbývající 1 lžíci oleje na středním plameni. Přidejte šalotku, česnek, zázvor a houby a za stálého míchání opékejte do změknutí, asi 4 minuty.

Vmíchejte arašídové máslo, cukr, chilli pastu, sójovou omáčku a mirin. Vmíchejte kokosové mléko a míchejte, dokud se dobře nespojí. Přidáme osmažené tofu a špenát a přivedeme k varu. Snižte teplotu na středně nízkou a za občasného míchání vařte, dokud špenát nezvadne a chutě se dobře nepromísí, 5 až 7 minut. Vmícháme sezamový olej a dusíme další minutu. Chcete-li podávat, přidejte tofu směs na rýži nebo nudle podle vašeho výběru a posypte kokosem, bazalkou, arašídy a krystalizovaným zázvorem, pokud používáte. Ihned podávejte.

## 22. Pečené tofu malované chippotlem

**Vyrobí 4 porce**

- 2 lžíce sójové omáčky
- 2 konzervované chilli papričky chipotle v adobo
- 1 lžíce olivového oleje
- 1 libra extra tuhého tofu, scezená, nakrájená na $1/2$ palce silné plátky a lisovaná (viz Světlý zeleninový vývar )

Předehřejte troubu na 375 °F. Pekáč o rozměrech 9 x 13 palců lehce naolejujte a dejte stranou.

V kuchyňském robotu smíchejte sójovou omáčku, chipotle a olej a zpracujte, dokud se nesmíchá. Směs chipotle seškrábněte do malé misky.

Potřete směsí chipotle z obou stran plátky tofu a naskládejte je v jedné vrstvě na připravenou pánev. Pečte do tepla, asi 20 minut. Ihned podávejte.

## 23. Grilované tofu s tamarindovou polevou

**Vyrobí 4 porce**

- 1 libra extra tuhého tofu, okapaná a osušená
- Sůl a čerstvě mletý černý pepř
- 2 lžíce olivového oleje
- 2 střední šalotky, mleté
- 2 stroužky česneku, nasekané
- 2 zralá rajčata, hrubě nakrájená
- 2 lžíce kečupu
- 1/4 šálku vody
- 2 lžíce dijonské hořčice
- 1 lžíce tmavě hnědého cukru
- 2 lžíce agávového nektaru
- 2 lžíce tamarindového koncentrátu
- 1 lžíce tmavé melasy
- 1/2 lžičky mletého kajenského pepře

- 1 lžička uzené papriky
- 1 lžíce sójové omáčky

Tofu nakrájejte na 1-palcové plátky, dochuťte solí a pepřem podle chuti a dejte stranou do mělkého pekáče.

Ve velkém hrnci rozehřejte olej na středním plameni. Přidejte šalotku a česnek a restujte 2 minuty. Přidejte všechny zbývající ingredience kromě tofu. Snižte teplotu na minimum a vařte 15 minut. Přeneste směs do mixéru nebo kuchyňského robotu a mixujte do hladka. Vraťte do hrnce a vařte ještě 15 minut, poté nechte vychladnout. Tofu přelijeme omáčkou a dáme chladit alespoň na 2 hodiny. Předehřejte gril nebo brojler.

Marinované tofu grilujeme, jednou otočíme, aby se prohřálo a z obou stran pěkně opeklo. Zatímco se tofu griluje, rozehřejte marinádu v hrnci. Vyjměte tofu z grilu, každou stranu potřete tamarindovou omáčkou a ihned podávejte.

## 24. Tofu plněné řeřichou

**Vyrobí 4 porce**

- 1 libra extra tuhého tofu, scezená, nakrájená na ¾-palcové plátky a lisovaná (viz Světlý zeleninový vývar )
- Sůl a čerstvě mletý černý pepř
- 1 malý svazek řeřichy, pevné stonky odstraněné a nakrájené
- 2 zralá švestková rajčata, nakrájená
- $^1/_2$ šálku mleté zelené cibule
- 2 lžíce nasekané čerstvé petrželky
- 2 lžíce nasekané čerstvé bazalky
- 1 lžička mletého česneku
- 2 lžíce olivového oleje
- 1 lžíce balzamikového octa
- Špetka cukru
- $^1/_2$ šálku univerzální mouky

- $1/2$ šálku vody
- 1 $1/2$ šálků suché nekořeněné strouhanky

Vyřízněte dlouhou hlubokou kapsu z boku každého plátku tofu a položte tofu na plech. Dochuťte solí a pepřem podle chuti a dejte stranou.

Ve velké míse smíchejte řeřichu, rajčata, zelenou cibulku, petržel, bazalku, česnek, 2 lžíce oleje, ocet, cukr a sůl a pepř podle chuti. Míchejte, dokud se dobře nespojí, a poté směs opatrně naplňte do tofu kapsiček.

Vložte mouku do mělké mísy. Nalijte vodu do samostatné mělké misky. Strouhanku dejte na velký talíř. Tofu vydlabejte v mouce, poté jej opatrně ponořte do vody a poté jej vydlabejte ve strouhance a důkladně obalte.

Ve velké pánvi rozehřejte zbývající 2 lžíce oleje na středním plameni. Přidejte plněné tofu na pánev a opékejte do zlatova, jednou otočte, 4 až 5 minut z každé strany. Ihned podávejte.

## 25. Tofu s pistáciově-granátovým jablkem

**Vyrobí 4 porce**

- 1 libra extra tuhého tofu, scezená, nakrájená na $1/4$-palcové plátky a lisovaná (viz Světlý zeleninový vývar )
- Sůl a čerstvě mletý černý pepř
- 2 lžíce olivového oleje
- $1/2$ šálku šťávy z granátového jablka
- 1 lžíce balzamikového octa
- 1 lžíce světle hnědého cukru
- 2 zelené cibule, nasekané
- $1/2$ šálku nesolených vyloupaných pistácií, hrubě nasekaných

- Tofu dochutíme solí a pepřem podle chuti.

Ve velké pánvi rozehřejte olej na středním plameni. Přidejte plátky tofu, v případě potřeby po dávkách, a vařte, dokud lehce nezhnědnou, asi 4 minuty z každé strany. Sundejte z pánve a dejte stranou.

Do stejné pánve přidejte šťávu z granátového jablka, ocet, cukr a zelenou cibulku a vařte na středním plameni 5 minut. Přidejte polovinu pistácií a vařte, dokud omáčka mírně nezhoustne, asi 5 minut.

Vraťte osmažené tofu na pánev a vařte, dokud nebude horké, asi 5 minut, po lžících nalijte na tofu omáčku, když se vaří. Ihned podáváme, posypané zbylými pistáciemi.

## 26. Tofu z ostrova koření

**Vyrobí 4 porce**

- $1/2$ šálku kukuřičného škrobu
- $1/2$ lžičky mletého čerstvého tymiánu nebo $1/4$ lžičky sušeného
- $1/2$ lžičky mleté čerstvé majoránky nebo $1/4$ lžičky sušené
- $1/2$ lžičky soli
- $1/4$ lžičky mletého kajenského pepře
- $1/4$ lžičky sladké nebo uzené papriky
- $1/4$ lžičky světle hnědého cukru
- $1/8$ lžičky mletého nového koření
- 1 libra extra tuhého tofu, okapaného a nakrájeného na $1/2$-palcové proužky
- 2 lžíce řepkového nebo hroznového oleje
- 1 střední červená paprika, nakrájená na $1/4$-palcové proužky
- 2 zelené cibule, nakrájené
- 1 stroužek česneku, mletý
- 1 jalapeño, se semínky a mleté

- 2 zralá švestková rajčata, zbavená semínek a nakrájená
- 1 šálek nakrájeného čerstvého nebo konzervovaného ananasu
- 2 lžíce sójové omáčky
- $1/4$ šálku vody
- 2 lžičky čerstvé limetkové šťávy
- 1 lžíce nasekané čerstvé petrželky, na ozdobu

V mělké misce smíchejte kukuřičný škrob, tymián, majoránku, sůl, kajenský pepř, papriku, cukr a nové koření. Dobře promíchejte. Tofu oloupeme směsí koření, obalíme ze všech stran. Předehřejte troubu na 250 °F.

Ve velké pánvi rozehřejte na středním plameni 2 lžíce oleje. Přidejte vydlabané tofu, podle potřeby po dávkách a opékejte do zlatova, asi 4 minuty z každé strany. Opečené tofu přendejte na žáruvzdorný talíř a udržujte teplé v troubě.

Ve stejné pánvi rozehřejte zbývající 1 lžíci oleje na středním plameni. Přidejte papriku, zelenou cibulku, česnek a jalapeño. Zakryjte a za občasného míchání vařte do měkka, asi 10 minut. Přidejte rajčata, ananas, sójovou omáčku, vodu a limetkovou šťávu a vařte, dokud směs nebude horká a chutě se nespojí, asi 5 minut. Zeleninovou směs přiléváme na r smažené tofu. Posypeme nasekanou petrželkou a ihned podáváme.

## 27. Zázvorové tofu s citrusovo-hoisinovou omáčkou

**Vyrobí 4 porce**

- 1 libra extra tuhého tofu, okapaného, osušeného a nakrájeného na $^1/_2$-palcové kostky
- 2 lžíce sójové omáčky
- 2 polévkové lžíce plus 1 lžička kukuřičného škrobu
- 1 polévková lžíce plus 1 lžička řepkového nebo hroznového oleje
- 1 lžička praženého sezamového oleje
- 2 lžičky strouhaného čerstvého zázvoru
- zelená cibule, mletá
- $^1/_3$ šálku hoisin omáčky
- $^1/_2$ šálku zeleninového vývaru, domácího (viz Světlý zeleninový vývar ) nebo z obchodu
- $^1/_4$ šálku čerstvé pomerančové šťávy
- 1 $^1/_2$ polévkové lžíce čerstvé limetkové šťávy

- 1 $^1/_2$ polévkové lžíce čerstvé citronové šťávy
- Sůl a čerstvě mletý černý pepř

Tofu dejte do mělké misky. Přidejte sójovou omáčku a promíchejte, aby se obalila, poté posypte 2 lžícemi kukuřičného škrobu a promíchejte.

Ve velké pánvi rozehřejte na středním plameni 1 lžíci řepkového oleje. Přidejte tofu a za občasného obracení vařte do zlatova, asi 10 minut. Vyjměte tofu z pánve a dejte stranou.

Ve stejné pánvi zahřejte zbývající 1 lžičku řepkového oleje a sezamový olej na středním plameni. Přidejte zázvor a zelenou cibulku a vařte, dokud nebude voňavý, asi 1 minutu. Vmíchejte hoisin omáčku, vývar a pomerančovou šťávu a přiveďte k varu. Vařte, dokud se tekutina mírně nezredukuje a chutě se nebudou moci propojit, asi 3 minuty. V malé misce smíchejte zbývající 1 lžičku kukuřičného škrobu s limetkovou šťávou a citronovou šťávou a přidejte do omáčky a míchejte, aby mírně zhoustla. Dochuťte solí a pepřem podle chuti.

Opečené tofu vraťte na pánev a vařte, dokud se nepokryje omáčkou a neprohřeje se. Ihned podávejte.

## 28. Tofu s citronovou trávou a sněhovým hráškem

**Vyrobí 4 porce**

- 2 lžíce řepkového nebo hroznového oleje
- 1 střední červená cibule, rozpůlená a nakrájená na tenké plátky
- 2 stroužky česneku, nasekané
- 1 lžička strouhaného čerstvého zázvoru
- 1 libra extra tuhého tofu, scezeného a nakrájeného na $1/2$-palcové kostky
- 2 lžíce sójové omáčky
- 1 polévková lžíce mirin nebo saké
- 1 lžička cukru

- ¹/₂ lžičky drcené červené papriky
- 4 unce sněhového hrášku, nakrájeného
- 1 lžíce mleté citronové trávy nebo kůry z 1 citronu
- 2 lžíce hrubě mletých nesolených pražených arašídů na ozdobu

Ve velké pánvi nebo woku rozehřejte olej na středně vysokou teplotu. Přidejte cibuli, česnek a zázvor a za stálého míchání opékejte 2 minuty. Přidejte tofu a vařte dozlatova, asi 7 minut.

Vmícháme sójovou omáčku, mirin, cukr a drcenou červenou papriku. Přidejte hrášek a citronovou trávu a za stálého míchání opékejte, dokud není hrášek křupavý a chutě dobře propojené, asi 3 minuty. Ozdobte arašídy a ihned podávejte.

## 29. Dvojité sezamové tofu s tahini omáčkou

**Vyrobí 4 porce**

- $1/2$ šálku tahini (sezamová pasta)
- 2 lžíce čerstvé citronové šťávy
- 2 lžíce sójové omáčky
- 2 lžíce vody
- $1/4$ šálku bílých sezamových semínek
- $1/4$ šálku černých sezamových semínek
- $1/2$ šálku kukuřičného škrobu
- 1 libra extra tuhého tofu, okapaného, osušeného a nakrájeného na $1/2$-palcové proužky
- Sůl a čerstvě mletý černý pepř
- 2 lžíce řepkového nebo hroznového oleje

V malé misce smíchejte tahini, citronovou šťávu, sójovou omáčku a vodu a míchejte, aby se dobře promíchaly. Zrušit.

V mělké misce smíchejte bílá a černá sezamová semínka a kukuřičný škrob a promíchejte. Tofu dochutíme solí a pepřem podle chuti. Zrušit.

Ve velké pánvi rozehřejte olej na středním plameni. Tofu potřete směsí sezamových semínek, dokud nebude dobře obalená, poté přidejte na rozpálenou pánev a opékejte, dokud nezhnědne a nebude křupavé, podle potřeby otočte, 3 až 4 minuty z každé strany. Dávejte pozor, abyste semínka nepřipálili. Zalijeme omáčkou tahini a ihned podáváme.

## 30. Tofu A Edamame Dušené maso

**Vyrobí 4 porce**

- 2 lžíce olivového oleje
- 1 středně žlutá cibule, nakrájená
- $1/2$ šálku nakrájeného celeru
- 2 stroužky česneku, nasekané
- 2 střední brambory Yukon Gold, oloupané a nakrájené na $1/2$-palcové kostky
- 1 šálek vyloupaného čerstvého nebo zmrazeného eidamu
- 2 šálky oloupané a na kostičky nakrájené cukety
- $1/2$ šálku mraženého dětského hrášku
- 1 lžička sušeného pikantního
- $1/2$ lžičky rozdrcené sušené šalvěje
- $1/8$ lžičky mletého kajenského pepře

- 1 ¹/₂ šálků zeleninového vývaru, domácího (viz Světlý zeleninový vývar ) nebo z obchodu Sůl a čerstvě mletý černý pepř
- 1 libra extra tuhého tofu, okapané, osušené a nakrájené na ¹/₂-palcové kostky
- 2 lžíce nasekané čerstvé petrželky

Ve velkém hrnci rozehřejte na středním plameni 1 lžíci oleje. Přidejte cibuli, celer a česnek. Přikryjte a vařte do změknutí, asi 10 minut. Vmíchejte brambory, eidam, cuketu, hrášek, pikantní, šalvěj a kajenský pepř. Přidejte vývar a přiveďte k varu. Snižte teplotu na minimum a dochuťte solí a pepřem podle chuti. Přikryjte a vařte, dokud zelenina nezměkne a chutě se nespojí, asi 40 minut.

Ve velké pánvi rozehřejte zbývající 1 lžíci oleje na středně vysokou teplotu. Přidejte tofu a vařte dozlatova, asi 7 minut. Dochuťte solí a pepřem podle chuti a dejte stranou. Asi 10 minut před dokončením dušení přidáme osmažené tofu a petrželku. Ochutnejte, v případě potřeby dochuťte a ihned podávejte.

## 31. Soy-Tan Dream Kotlety

**Vyrobí 6 porcí**

- 10 uncí pevného tofu, scezeného a rozdrobeného
- 2 lžíce sójové omáčky
- ¼ lžičky sladké papriky
- ¼ lžičky cibulového prášku
- ¼ lžičky česnekového prášku
- ¼ lžičky čerstvě mletého černého pepře
- 1 hrnek pšeničné lepkové mouky (životně důležitý pšeničný lepek)
- 2 lžíce olivového oleje

V kuchyňském robotu smíchejte tofu, sójovou omáčku, papriku, cibulový prášek, česnekový prášek, pepř a mouku. Zpracujte, dokud se dobře nepromíchá. Směs přendejte na rovnou pracovní plochu a vytvarujte do válce. Směs rozdělte na 6 stejných kousků a zploštěte je na velmi tenké kotlety, ne více než $1/4$ palce tlusté. (Za tímto účelem umístěte každý řízek mezi dva kusy voskovaného papíru, fólii nebo pergamenový papír a válečkem srolujte naplocho.)

Ve velké pánvi rozehřejte olej na středním plameni. Přidejte řízky, v případě potřeby po dávkách, přikryjte a opékejte, dokud nezezlátnou z obou stran, 5 až 6 minut z každé strany. Kotlety jsou nyní připraveny k použití v receptech nebo ihned podávejte přelité omáčkou.

## 32. Můj druh Meat Loaf

**Vyrobí 4 až 6 porcí**

- 2 lžíce olivového oleje
- $2/3$ šálku mleté cibule
- 2 stroužky česneku, nasekané
- 1 libra extra tuhého tofu, okapaná a osušená
- 2 lžíce kečupu

- 2 lžíce tahini (sezamová pasta) nebo krémové arašídové máslo
- 2 lžíce sójové omáčky
- $1/2$ šálku mletých vlašských ořechů
- 1 šálek staromódního ovsa
- 1 hrnek pšeničné lepkové mouky (životně důležitý pšeničný lepek)
- 2 lžíce nasekané čerstvé petrželky
- $1/2$ lžičky soli
- $1/2$ lžičky sladké papriky
- $1/4$ lžičky čerstvě mletého černého pepře

Předehřejte troubu na 375 °F. 9palcovou ošatku lehce naolejujte a dejte stranou. Ve velké pánvi rozehřejte na středním plameni 1 lžíci oleje. Přidejte cibuli a česnek, přikryjte a vařte do změknutí, 5 minut.

V kuchyňském robotu smíchejte tofu, kečup, tahini a sójovou omáčku a zpracujte do hladka. Přidejte odloženou cibulovou směs a všechny zbývající přísady. Pulzujte, dokud se dobře nespojí, ale se zbývající strukturou.

Směs naškrábejte do připravené pánve. Směs pevně vtlačte do pánve a uhlaďte povrch. Pečeme dozlatova a dozlatova, asi 1 hodinu. Před krájením nechte 10 minut odstát.

## 33. Velmi vanilkový francouzský toast

**Vyrobí 4 porce**

1 (12 uncový) balíček pevné hedvábné tofu, okapané
1 $^1/_2$ šálků sójového mléka
2 lžíce kukuřičného škrobu
1 lžíce řepkového nebo hroznového oleje
2 lžičky cukru
1 $^1/_2$ lžičky čistého vanilkového extraktu
$^1/_4$ lžičky soli
4 plátky jednodenního italského chleba
Řepkový nebo hroznový olej na smažení

Předehřejte troubu na 225 °F. V mixéru nebo kuchyňském robotu smíchejte tofu, sójové mléko, kukuřičný škrob, olej, cukr, vanilku a sůl a rozmixujte dohladka.

Těsto nalijte do mělké mísy a namáčejte chléb v těstíčku a otáčejte, aby se obalil z obou stran.

Na pánvi nebo velké pánvi rozehřejte na středním plameni tenkou vrstvu oleje. Francouzský toast položte na rozpálenou pánev a opékejte dozlatova z obou stran, jednou otočte, 3 až 4 minuty z každé strany.

Uvařený francouzský toast přendejte na žáruvzdorný talíř a uchovávejte v teple v troubě, zatímco zbytek pečete.

## 34. Sezamovo-sójová snídaňová pomazánka

**Vyrobí asi 1 šálek**

1/2 šálku měkkého tofu, okapaného a osušeného
2 lžíce tahini (sezamová pasta)
2 lžíce výživného droždí
1 lžíce čerstvé citronové šťávy
2 lžičky lněného oleje
1 lžička praženého sezamového oleje
1/2 lžičky soli

V mixéru nebo kuchyňském robotu smíchejte všechny ingredience a rozmixujte do hladka. Seškrábněte směs do malé misky, přikryjte a dejte na několik hodin do chladničky, aby se prohloubila chuť. Při správném skladování vydrží až 3 dny.

## 35. Radiatore S Aurora Omáčkou

**Vyrobí 4 porce**

- 1 lžíce olivového oleje
- 3 stroužky česneku, nasekané
- 3 zelené cibule, nasekané
- (28 uncí) plechovka drcených rajčat
- 1 lžička sušené bazalky
- $1/2$ lžičky sušené majoránky
- 1 lžička soli

- ¹/₄ lžičky čerstvě mletého černého pepře
- ¹/₃ šálku veganského smetanového sýra nebo scezeného měkkého tofu
- 1 libra radiátoru nebo jiných malých, tvarovaných těstovin
- 2 lžíce nasekané čerstvé petrželky, na ozdobu

Ve velkém hrnci rozehřejte olej na středním plameni. Přidejte česnek a zelenou cibulku a vařte do voňavé 1 minutu. Vmícháme rajčata, bazalku, majoránku, sůl a pepř. Omáčku přiveďte k varu, poté snižte teplotu na minimum a za občasného míchání vařte 15 minut.

V kuchyňském robotu rozmixujte smetanový sýr do hladka. Přidejte 2 šálky rajčatové omáčky a rozmixujte do hladka. Tofu-rajčatovou směs seškrábněte zpět do hrnce s rajčatovou omáčkou a míchejte, aby se promíchala. Ochutnejte, v případě potřeby upravte koření. Udržujte v teple na mírném ohni.

Ve velkém hrnci s vroucí osolenou vodou vařte těstoviny na středně vysokém ohni za občasného míchání, dokud nejsou al dente, asi 10 minut. Dobře sceďte a přendejte do velké servírovací mísy. Přidejte omáčku a jemně promíchejte, aby se spojila. Posypeme petrželkou a ihned podáváme.

## 36. Klasické tofu lasagne

**Vyrobí 6 porcí**

- 12 uncí lasagne nudle
- 1 libra pevného tofu, okapaného a rozdrobeného
- 1 libra měkkého tofu, okapaného a rozdrobeného
- 2 lžíce výživného droždí
- 1 lžička čerstvé citronové šťávy
- 1 lžička soli
- $1/4$ lžičky čerstvě mletého černého pepře

- 3 lžíce nasekané čerstvé petrželky
- $1/2$ šálku veganského parmazánu nebo parmasia
- 4 šálky marinara omáčky, domácí (viz Marinara omáčka ) nebo koupené v obchodě

V hrnci s vroucí osolenou vodou vařte nudle na středně vysokém ohni za občasného míchání, dokud nejsou al dente, asi 7 minut. Předehřejte troubu na 350 °F. Ve velké míse smíchejte pevný a měkký tofus. Přidejte nutriční droždí, citronovou šťávu, sůl, pepř, petržel a $1/4$ šálku parmezánu. Míchejte, dokud se dobře nespojí.

Na dno pekáče o rozměrech 9 x 13 palců naneste vrstvu rajčatové omáčky. Navrch dejte vrstvu vařených nudlí. Polovinu tofu směsi rovnoměrně rozetřeme na nudle. Opakujte s další vrstvou nudlí následovanou vrstvou omáčky. Zbylou tofu směs rozetřeme na omáčku a zakončeme poslední vrstvou nudlí a omáčky. Posypte zbývající $1/4$ šálkem parmazánu. Pokud nějaká omáčka zůstane, uložte ji a podávejte horkou v misce k lasagním.

Přikryjeme alobalem a pečeme 45 minut. Odstraňte poklici a pečte o 10 minut déle. Před podáváním nechte 10 minut odstát.

## 37. Lasagne se špenátem a mangoldem

**Vyrobí 6 porcí**

- 12 uncí lasagne nudle
- 1 lžíce olivového oleje
- 2 stroužky česneku, nasekané
- 8 uncí čerstvého červeného mangoldu, pevné stonky odstraněné a nahrubo nasekané
- 9 uncí čerstvého baby špenátu, hrubě nasekaného
- 1 libra pevného tofu, okapaného a rozdrobeného
- 1 libra měkkého tofu, okapaného a rozdrobeného
- 2 lžíce výživného droždí
- 1 lžička čerstvé citronové šťávy
- 2 lžíce nasekané čerstvé plocholisté petrželky
- 1 lžička soli
- $1/4$ lžičky čerstvě mletého černého pepře

- 3 $^1/_2$ šálků omáčky marinara, domácí nebo zakoupené v obchodě

V hrnci s vroucí osolenou vodou vařte nudle na středně vysokém ohni za občasného míchání, dokud nejsou al dente, asi 7 minut. Předehřejte troubu na 350 °F.

Ve velkém hrnci rozehřejte olej na středním plameni. Přidejte česnek a vařte, dokud nebude voňavý. Přidejte mangold a vařte, míchejte, dokud nezvadne, asi 5 minut. Přidejte špenát a pokračujte ve vaření, míchejte, dokud nezvadne, ještě asi 5 minut. Přikryjeme a vaříme do měkka, asi 3 minuty. Odkryjeme a necháme vychladnout. Když je dostatečně vychladlé, vypusťte ze zeleniny veškerou zbývající vlhkost a zatlačte na ni velkou lžící, abyste vytlačili přebytečnou tekutinu. Umístěte zeleninu do velké mísy. Přidejte tofu, nutriční droždí, citronovou šťávu, petržel, sůl a pepř. Míchejte, dokud se dobře nespojí.

Na dno pekáče o rozměrech 9 x 13 palců naneste vrstvu rajčatové omáčky. Navrch dejte vrstvu nudlí. Polovinu tofu směsi rovnoměrně rozetřeme na nudle. Opakujte s další vrstvou nudlí a vrstvou omáčky. Zbývající tofu směs rozetřeme na omáčku a zakončíme poslední vrstvou nudlí, omáčkou a navrch posypeme parmazánem.

Přikryjeme alobalem a pečeme 45 minut. Odstraňte poklici a pečte o 10 minut déle. Před podáváním nechte 10 minut odstát.

## 38. Lasagne s pečenou zeleninou

**Vyrobí 6 porcí**

- 1 střední cuketa, nakrájená na $1/4$-palcové plátky
- 1 střední lilek, nakrájený na $1/4$-palcové plátky
- 1 střední červená paprika, nakrájená na kostičky
- 2 lžíce olivového oleje
- Sůl a čerstvě mletý černý pepř
- 8 uncí lasagne nudlí

- 1 libra pevného tofu, scezená, osušená a rozdrobená
- 1 libra měkkého tofu, okapané, osušené a rozdrobené
- 2 lžíce výživného droždí
- 2 lžíce nasekané čerstvé plocholisté petrželky
- 3 ¹/₂ šálků marinara omáčky, domácí (viz Marinara omáčka ) nebo koupené v obchodě

Předehřejte troubu na 425 °F. Rozložte cuketu, lilek a papriku na lehce naolejovaný pekáč o rozměrech 9 x 13 palců. Pokapejte olejem a dochuťte solí a černým pepřem podle chuti. Zeleninu opékejte do měkka a lehce dohněda, asi 20 minut. Vyndejte z trouby a nechte vychladnout. Snižte teplotu trouby na 350 °F.

V hrnci s vroucí osolenou vodou vařte nudle na středně vysokém ohni za občasného míchání, dokud nejsou al dente, asi 7 minut. Sceďte a dejte stranou. Ve velké míse smíchejte tofu s nutričním droždím, petrželkou a solí a pepřem podle chuti. Dobře promíchejte.

Pro sestavení rozprostřete vrstvu rajčatové omáčky na dno zapékací misky o rozměrech 9 x 13 palců. Omáčku položte vrstvou nudlí. Na nudle položte polovinu restované zeleniny a poté na zeleninu potřete polovinu tofu směsi. Opakujte s další vrstvou nudlí a navrch přidejte další omáčku. Opakujte proces vrstvení se zbylou zeleninou a tofu směsí a zakončete vrstvou nudlí a omáčkou. Navrch posypeme parmazánem.

Přikryjeme a pečeme 45 minut. Odstraňte poklici a pečte dalších 10 minut. Vyjměte z trouby a před krájením nechte 10 minut stát.

### 39. Lasagne s čekankou a houbami

**Vyrobí 6 porcí**

- 1 lžíce olivového oleje
- 2 stroužky česneku, nasekané
- 1 malá hlava čekanky, nakrájená
- 8 uncí cremini houby, lehce opláchnuté, osušené a nakrájené na tenké plátky
- Sůl a čerstvě mletý černý pepř
- 8 uncí lasagne nudlí
- 1 libra pevného tofu, okapané, osušené a rozdrobené
- 1 libra měkkého tofu, okapané, osušené a rozdrobené
- 3 lžíce výživného droždí
- 2 lžíce nasekané čerstvé petrželky

- 3 šálky marinara omáčky, domácí (viz Marinara omáčka ) nebo koupené v obchodě

Ve velké pánvi rozehřejte olej na středním plameni. Přidejte česnek, čekanku a houby. Zakryjte a za občasného míchání vařte do měkka, asi 10 minut. Dochuťte solí a pepřem podle chuti a dejte stranou

V hrnci s vroucí osolenou vodou vařte nudle na středně vysokém ohni za občasného míchání, dokud nejsou al dente, asi 7 minut. Sceďte a dejte stranou. Předehřejte troubu na 350 °F.

Ve velké míse smíchejte pevné a měkké tofu. Přidejte nutriční droždí a petržel a míchejte, dokud se dobře nespojí. Vmícháme směs čekanek a hub a dochutíme solí a pepřem podle chuti.

Na dno pekáče o rozměrech 9 x 13 palců naneste vrstvu rajčatové omáčky. Navrch dejte vrstvu nudlí. Polovinu tofu směsi rovnoměrně rozetřeme na nudle. Opakujte s další vrstvou nudlí následovanou vrstvou omáčky. Navrch rozprostřete zbývající tofu směs a zakončete poslední vrstvou nudlí a omáčky. Vršek posypte mletými vlašskými ořechy.

Přikryjeme alobalem a pečeme 45 minut. Odstraňte poklici a pečte o 10 minut déle. Před podáváním nechte 10 minut odstát.

## 40. Lasagne Primavera

**Vyrobí 6 až 8 porcí**

- 8 uncí lasagne nudlí
- 2 lžíce olivového oleje
- 1 malá žlutá cibule, nakrájená
- 3 stroužky česneku, nasekané
- 6 uncí hedvábného tofu, scezeného
- 3 šálky čistého neslazeného sójového mléka
- 3 lžíce výživného droždí
- $1/8$ lžičky mletého muškátového oříšku
- Sůl a čerstvě mletý černý pepř
- 2 šálky nakrájené růžičky brokolice
- 2 střední mrkve, mleté

- 1 malá cuketa, podélně rozpůlená nebo rozčtvrcená a nakrájená na $1/4$-palcové plátky
- 1 střední červená paprika, nakrájená
- 2 libry pevného tofu, okapané a osušené
- 2 lžíce nasekané čerstvé plocholisté petrželky
- $1/2$ šálku veganského parmazánu nebo parmasia
- $1/2$ šálku mletých mandlí nebo piniových oříšků

Předehřejte troubu na 350 °F. V hrnci s vroucí osolenou vodou vařte nudle na středně vysokém ohni za občasného míchání, dokud nejsou al dente, asi 7 minut. Sceďte a dejte stranou.

V malé pánvi rozehřejte olej na středním plameni. Přidejte cibuli a česnek, přikryjte a vařte do měkka, asi 5 minut. Přesuňte cibulovou směs do mixéru. Přidejte hedvábné tofu, sójové mléko, nutriční droždí, muškátový oříšek a sůl a pepř podle chuti. Rozmixujte do hladka a dejte stranou.

Brokolici, mrkev, cuketu a papriku vařte v páře, dokud nezměknou. Odstraňte z tepla. Pevné tofu rozdrobte do velké mísy. Přidejte petržel a $1/4$ šálku parmezánu a dochuťte solí a pepř podle chuti. Míchejte, dokud se dobře nespojí. Vmícháme podušenou zeleninu a dobře promícháme, v případě potřeby ještě dosolíme a opepříme.

Naneste vrstvu bílé omáčky na dno lehce naolejovaného pekáče o rozměrech 9 x 13 palců. Navrch dejte vrstvu nudlí. Polovinu tofu a zeleninové směsi rovnoměrně rozprostřeme na nudle. Opakujte s další vrstvou nudlí a poté vrstvou omáčky. Navrch rozprostřete zbývající tofu směs a zakončete poslední vrstvou nudlí a omáčky a zakončete zbývajícím $^1/_4$ šálkem parmazánu. Přikryjeme alobalem a pečeme 45 minut

## 41. Černá fazole a dýňové lasagne

**Vyrobí 6 až 8 porcí**

- 12 nudlí lasagne
- 1 lžíce olivového oleje
- 1 středně žlutá cibule, nakrájená
- 1 střední červená paprika, nakrájená
- 2 stroužky česneku, nasekané
- 1 1/2 šálků uvařených nebo 1 (15,5 unce) plechovky černých fazolí, scezených a propláchnutých
- (14,5 unce) plechovka drcených rajčat
- 2 lžičky chilli prášku
- Sůl a čerstvě mletý černý pepř
- 1 libra pevného tofu, dobře okapané
- 3 lžíce nasekané čerstvé petrželky nebo koriandru
- 1 (16 uncí) plechovka dýňového pyré
- 3 šálky rajčatové salsy, domácí (viz Salsa z čerstvých rajčat ) nebo z obchodu

V hrnci s vroucí osolenou vodou vařte nudle na středně vysokém ohni za občasného míchání, dokud nejsou al dente, asi 7 minut. Sceďte a dejte stranou. Předehřejte troubu na 375 °F.

Ve velké pánvi rozehřejte olej na středním plameni. Přidejte cibuli, přikryjte a vařte do změknutí. Přidejte papriku a česnek a vařte do změknutí, ještě 5 minut. Vmíchejte fazole, rajčata, 1 lžičku chilli a podle chuti sůl a černý pepř. Dobře promícháme a dáme stranou.

Ve velké misce smíchejte tofu, petržel, zbývající 1 lžičku chilli a sůl a černý pepř podle chuti. Zrušit. Ve střední misce smíchejte dýni se salsou a promíchejte, aby se dobře promíchala. Dochuťte solí a pepřem podle chuti.

Rozložte asi ¾ šálku dýňové směsi na dno zapékací misky o rozměrech 9 x 13 palců. Navrch dejte 4 nudle. Navrch dejte polovinu směsi fazolí a poté polovinu směsi tofu. Navrch dejte čtyři nudle, následovanou vrstvou dýňové směsi, poté zbývající fazolovou směsí a zbylými nudlemi. Zbylou tofu směs rozprostřete na nudle a poté zbývající dýňovou směs rozprostřete k okrajům pánve.

Přikryjeme alobalem a pečeme do zhoustnutí a bublinek, asi 50 minut. Odkryjeme, posypeme dýňovými semínky a před podáváním necháme 10 minut odstát.

## 42. Manicotti plněné mangoldem

**Vyrobí 4 porce**

- 12 manicotti
- 3 lžíce olivového oleje
- 1 malá cibule, nasekaná
- 1 střední svazek mangold, tuhé stonky oříznuté a nasekané
- 1 libra pevného tofu, okapaného a rozdrobeného
- Sůl a čerstvě mletý černý pepř
- 1 šálek syrových kešu oříšků
- 3 šálky čistého neslazeného sójového mléka

- $1/8$ lžičky mletého muškátového oříšku
- $1/8$ lžičky mletého kajenského pepře
- 1 šálek suché nekořeněné strouhanky

Předehřejte troubu na 350 °F. Zapékací mísu o rozměrech 9 x 13 palců lehce naolejujte a dejte stranou.

V hrnci s vroucí osolenou vodou vařte manicotti na středně vysokém ohni za občasného míchání, dokud nejsou al dente, asi 8 minut. Dobře sceďte a podlijte studenou vodou. Zrušit.

Ve velké pánvi rozehřejte na středním plameni 1 lžíci oleje. Přidejte cibuli, přikryjte a vařte do změknutí asi 5 minut. Přidejte mangold, přikryjte a vařte, dokud mangold nezměkne, za občasného míchání asi 10 minut. Sundejte z plotny a přidejte tofu, zamíchejte, aby se dobře promíchalo. Podle chuti dobře osolte a opepřete a dejte stranou.

V mixéru nebo kuchyňském robotu rozdrťte kešu oříšky na prášek. Přidejte 1 $1/2$ šálků sójového mléka, muškátový oříšek, kajenský pepř a sůl podle chuti. Rozmixujte do hladka. Přidejte zbývajících 1 $1/2$ šálků sójového mléka a mixujte, dokud nebude krémová. Ochutnejte, v případě potřeby upravte koření.

Vrstvu omáčky rozetřeme na dno připraveného pekáčku. Zabalte asi $1/3$ šálku mangoldová nádivka do manicotti. Naplněné manicotti rozložte v jedné vrstvě do zapékací mísy. Zbylou omáčkou nalijte na manicotti. V malé misce smíchejte strouhanku a zbývající 2 lžíce oleje a posypte manicotti. Přikryjeme alobalem a pečeme do zhoustnutí, asi 30 minut. Ihned podávejte

## 43. Manicotti se špenátem

**Vyrobí 4 porce**

- 12 manicotti
- 1 lžíce olivového oleje
- 2 střední šalotky, nakrájené
- 2 (10 uncové) balíčky zmrazeného nakrájeného špenátu, rozmraženého
- 1 libra extra tuhého tofu, okapaného a rozdrobeného
- $1/4$ lžičky mletého muškátového oříšku
- Sůl a čerstvě mletý černý pepř
- 1 šálek kousků opečených vlašských ořechů
- 1 šálek měkkého tofu, okapaného a rozdrobeného
- $1/4$ šálku nutričního droždí
- 2 šálky čistého neslazeného sójového mléka
- 1 šálek suché strouhanky

Předehřejte troubu na 350 °F. Zapékací mísu o rozměrech 9 x 13 palců lehce naolejujte. V hrnci s vroucí osolenou vodou vařte manicotti na středně vysokém ohni za občasného míchání, dokud nejsou al dente, asi 10 minut. Dobře sceďte a podlijte studenou vodou. Zrušit.

Ve velké pánvi rozehřejte olej na středním plameni. Přidejte šalotku a vařte do změknutí, asi 5 minut. Špenát vymačkejte, abyste odstranili co nejvíce tekutiny a přidejte k šalotce. Dochuťte muškátovým oříškem, solí a pepřem podle chuti a vařte 5 minut a míchejte, aby se chutě propojily. Přidejte extra tuhé tofu a promíchejte, aby se dobře propojilo. Zrušit.

V kuchyňském robotu zpracujte vlašské ořechy najemno. Přidejte měkké tofu, nutriční droždí, sójové mléko a sůl a pepř podle chuti. Zpracujte do hladka.

Na dno připraveného pekáčku rozetřeme vrstvu ořechové omáčky. Manicotti naplníme nádivkou. Naplněné manicotti rozložte v jedné vrstvě do zapékací mísy. Navrch nalijte zbývající omáčku. Přikryjeme alobalem a pečeme do tepla, asi 30 minut. Odkryjeme, posypeme strouhankou a pečeme ještě 10 minut, aby vrch lehce zhnědl. Podávejte ihned

## 44. Lasagne Větrníky

**Vyrobí 4 porce**

- 12 nudlí lasagne
- 4 šálky lehce zabaleného čerstvého špenátu
- 1 šálek uvařených nebo konzervovaných bílých fazolí, scezených a propláchnutých
- 1 libra pevného tofu, scezená a osušená
- $1/2$ lžičky soli
- $1/4$ lžičky čerstvě mletého černého pepře
- $1/8$ lžičky mletého muškátového oříšku
- 3 šálky marinara omáčky, domácí (viz Marinara omáčka ) nebo koupené v obchodě

Předehřejte troubu na 350 °F. V hrnci s vroucí osolenou vodou vařte nudle na středně vysokém ohni za občasného míchání, dokud nejsou al dente, asi 7 minut.

Vložte špenát do mikrovlnné trouby s 1 lžící vody. Zakryjte a vložte do mikrovlnné trouby na 1 minutu, dokud nezvadne. Vyjměte z misky, vymačkejte zbývající tekutinu. Špenát přendejte do kuchyňského robotu a nakrájejte ho. Přidejte fazole, tofu, sůl a pepř a zpracujte, dokud se dobře nespojí. Zrušit.

Chcete-li sestavit větrníky, položte nudle na rovnou pracovní plochu. Na povrch každé nudle rozetřete asi 3 lžíce tofu-špenátové směsi a srolujte. Opakujte se zbývajícími přísadami. Na dno mělké zapékací misky rozetřete vrstvu rajčatové omáčky. Závitky položte na omáčku svisle a na každý větrník lžící naneste trochu zbývající omáčky. Přikryjeme alobalem a pečeme 30 minut. Ihned podávejte.

## 45. Dýňové ravioli s hráškem

**Vyrobí 4 porce**

- 1 šálek konzervovaného dýňového pyré
- $1/2$ šálku extra tuhého tofu, dobře okapaného a rozdrobeného
- 2 lžíce nasekané čerstvé petrželky

- Špetka mletého muškátového oříšku
- Sůl a čerstvě mletý černý pepř
- 1 recept Těsto na těstoviny bez vajec
- 2 nebo 3 střední šalotky, rozpůlené podélně a nakrájené na $1/4$ palcové plátky
- 1 šálek mraženého dětského hrášku, rozmraženého

Papírovou utěrkou odsajte přebytečnou tekutinu z dýně a tofu a poté v kuchyňském robotu smíchejte s nutričním droždím, petrželkou, muškátovým oříškem a solí a pepřem podle chuti. Zrušit.

Ravioli připravíte tak, že těsto na těstoviny rozválíte na tenko na pomoučněné ploše. Nakrájejte těsto do

2 palce široké proužky. Umístěte 1 vrchovatou čajovou lžičku nádivky na 1 proužek těstovin, asi 1 palec od vrcholu. Umístěte další lžičku náplně na proužek těstovin, asi palec pod první lžíci náplně. Opakujte po celé délce pruhu těsta. Okraje těsta lehce namočte vodou a na první položte druhý proužek těstovin, který zakryje náplň. Mezi částmi náplně přitlačte obě vrstvy těsta k sobě. Nožem ořízněte strany těsta, aby bylo rovné, a pak prořízněte těsto napříč mezi jednotlivými kopečky náplně, abyste vytvořili čtvercové ravioli. Před uzavřením nezapomeňte vytlačit vzduchové kapsy kolem náplně. Pomocí hrotů vidličky zatlačte podél okrajů těsta, aby se ravioli uzavřely. Ravioli přendejte na pomoučený talíř a opakujte se zbývajícím těstem a omáčkou. Zrušit.

Ve velké pánvi rozehřejte olej na středním plameni. Přidejte šalotku a za občasného míchání vařte, dokud šalotka není tmavě zlatohnědá, ale nespálená, asi 15 minut. Vmícháme hrášek a dochutíme solí a pepřem podle chuti. Udržujte v teple na velmi nízké teplotě.

Ve velkém hrnci s vroucí osolenou vodou vařte ravioli, dokud nevyplavou nahoru, asi 5 minut. Dobře sceďte a přendejte do pánve se šalotkou a hráškem. Vařte minutu nebo dvě, aby se chutě promísily, a poté přendejte do velké servírovací mísy. Dochuťte velkým množstvím pepře a ihned podávejte.

## 46. Artyčokovo-ořechové ravioli

**Vyrobí 4 porce**

- $1/3$ šálku plus 2 lžíce olivového oleje
- 3 stroužky česneku, nasekané
- 1 (10 uncový) balíček zmrazeného špenátu, rozmražený a vyždímaný do sucha
- 1 šálek mražených artyčokových srdíček, rozmražených a nakrájených
- $1/3$ šálku pevného tofu, okapaného a rozdrobeného
- 1 šálek kousků opečených vlašských ořechů
- $1/4$ šálku pevně zabalené čerstvé petrželky
- Sůl a čerstvě mletý černý pepř
- 1 recept Těsto na těstoviny bez vajec
- 12 čerstvých lístků šalvěje

Ve velké pánvi rozehřejte na středním plameni 2 lžíce oleje. Přidejte srdíčka česneku, špenátu a artyčoku. Zakryjte a vařte, dokud česnek nezměkne a tekutina se nevstřebá, asi 3 minuty za občasného míchání. Směs přendejte do kuchyňského robotu. Přidejte tofu, $1/4$ šálku vlašských ořechů, petržel a sůl a pepř podle chuti. Zpracujte, dokud není mletá a důkladně promíchána.

Dejte stranou vychladnout.

Chcete-li připravit ravioli, rozválejte těsto velmi tence (asi $1/8$ palce) na lehce pomoučeném povrchu a nakrájíme na 2 palce široké proužky. Umístěte 1 vrchovatou čajovou lžičku nádivky na proužek těstovin, asi 1 palec od vrcholu. Umístěte další lžičku náplně na proužek těstovin, asi 1 palec pod první lžící náplně. Opakujte po celé délce pruhu těsta.

Okraje těsta lehce namočte vodou a na první položte druhý proužek těstovin, který zakryje náplň.

Mezi částmi náplně přitlačte obě vrstvy těsta k sobě. Nožem ořízněte strany těsta, aby bylo rovné, a pak prořízněte těsto napříč mezi jednotlivými kopečky náplně, abyste vytvořili čtvercové ravioli. Pomocí hrotů vidličky zatlačte podél okrajů těsta, aby se ravioli uzavřely. Ravioli přendejte na pomoučený talíř a opakujte se zbývajícím těstem a náplní.

Ravioli vařte ve velkém hrnci s vroucí osolenou vodou, dokud nevyplavou nahoru, asi 7 minut. Dobře sceďte a dejte stranou. Ve velké pánvi rozehřejte zbývající $1/3$ šálku oleje na středním plameni. Přidat šalvěj a zbývající ¾ šálku vlašských ořechů a vařte, dokud šalvěj nezkřupne a vlašské ořechy nezavoní.

Přidejte uvařené ravioli a za mírného míchání vařte, aby se obalily omáčkou a prohřejte. Ihned podávejte.

## 47. Tortellini s pomerančovou omáčkou

**Vyrobí 4 porce**

- 1 lžíce olivového oleje
- 3 stroužky česneku, jemně nasekané
- 1 šálek pevného tofu, okapaného a rozdrobeného
- ¾ šálku nasekané čerstvé petrželky
- ¼ šálku veganského parmazánu nebo parmasia
- Sůl a čerstvě mletý černý pepř
- 1 recept Těsto na těstoviny bez vajec
- 2 ½ šálků marinara omáčky, domácí (viz Marinara omáčka ) nebo koupené kůry z 1 pomeranče
- ½ lžičky drcené červené papriky

- $1/2$ šálku sójové smetany nebo obyčejného neslazeného sójového mléka

Ve velké pánvi rozehřejte olej na středním plameni. Přidejte česnek a vařte do měkka, asi 1 minutu. Vmíchejte tofu, petržel, parmezán a podle chuti sůl a černý pepř. Míchejte, dokud se dobře nesmíchá. Dejte stranou vychladnout.

Chcete-li vyrobit tortellini, rozválejte těsto na tenko (asi $1/8$ palce) a nakrájejte na čtverce o velikosti $2\ 1/2$ palce. Místo

1 lžička nádivky těsně mimo střed a přehněte jeden roh čtverce těstovin přes nádivku tak, aby vznikl trojúhelník. Přitiskněte okraje k sobě, aby se utěsnily, pak omotejte trojúhelník středem dolů kolem ukazováčku a přitiskněte konce k sobě, aby se přilepily. Sklopte špičku trojúhelníku a sejměte prst. Odložíme na lehce pomoučený plech a pokračujeme zbytkem těsta a náplní.

Ve velkém hrnci smíchejte omáčku marinara, pomerančovou kůru a drcenou červenou papriku. Zahřejte do horka, poté vmíchejte sójovou smetanu a udržujte teplou na velmi mírném ohni.

V hrnci s vroucí osolenou vodou vařte tortellini, dokud nevyplavou nahoru, asi 5 minut. Dobře sceďte a přendejte do velké servírovací mísy. Přidejte omáčku a jemně promíchejte, aby se spojila. Ihned podávejte.

## 48. Zeleninové Lo Mein S Tofu

**Vyrobí 4 porce**

- 12 uncí linguine
- 1 lžíce praženého sezamového oleje
- 3 lžíce sójové omáčky
- 2 lžíce suchého sherry
- 1 lžíce vody
- Špetka cukru
- 1 lžíce kukuřičného škrobu

- 2 lžíce řepkového nebo hroznového oleje
- 1 libra extra tuhého tofu, okapaného a nakrájeného na kostičky
- 1 střední cibule, rozpůlená a nakrájená na tenké plátky
- 3 šálky malých růžiček brokolice
- 1 střední mrkev, nakrájená na $1/4$-palcové plátky
- 1 šálek nakrájených čerstvých shiitake nebo bílých hub
- 2 stroužky česneku, nasekané
- 2 lžičky strouhaného čerstvého zázvoru
- 2 zelené cibule, nakrájené

Ve velkém hrnci s vroucí osolenou vodou vařte linguine za občasného míchání do měkka asi 10 minut. Dobře sceďte a přendejte do mísy. Přidejte 1 lžičku sezamového oleje a promíchejte, abyste obalili. Zrušit.

V malé misce smíchejte sójovou omáčku, sherry, vodu, cukr a zbývající 2 lžičky sezamového oleje. Přidejte kukuřičný škrob a míchejte, aby se rozpustil. Zrušit.

Ve velké pánvi nebo woku zahřejte 1 polévkovou lžíci řepky na středně vysokou teplotu. Přidejte tofu a vařte do zlatova, asi 10 minut. Sundejte z pánve a dejte stranou.

Znovu zahřejte zbývající řepkový olej ve stejné pánvi. Přidejte cibuli, brokolici a mrkev a za stálého míchání smažte, dokud nezměknou, asi 7 minut. Přidejte houby, česnek, zázvor a zelenou cibulku a za stálého míchání smažte 2 minuty. Vmíchejte omáčku a uvařené linguine a promíchejte, aby se dobře promíchaly. Vařte, dokud se nezahřeje. Ochutnejte, upravte koření a v případě potřeby přidejte více sójové omáčky. Ihned podávejte.

## 49. Pad Thai

**Vyrobí 4 porce**

- 12 uncí sušených rýžových nudlí
- $1/3$ šálku sójové omáčky
- 2 lžíce čerstvé limetkové šťávy
- 2 lžíce světle hnědého cukru
- 1 lžíce tamarindové pasty (viz nadpis)
- 1 lžíce rajčatového protlaku
- 3 lžíce vody
- $1/2$ lžičky drcené červené papriky
- 3 lžíce řepkového nebo hroznového oleje

- 1 libra extra tuhého tofu, scezeného, lisovaného (viz Tofu ) a nakrájeného na $1/2$-palcové kostky
- 4 zelené cibule, nasekané
- 2 stroužky česneku, nasekané
- $1/3$ šálku nahrubo nasekaných nasucho opražených nesolených arašídů
- 1 šálek fazolových klíčků, na ozdobu
- 1 limetka, nakrájená na měsíčky, na ozdobu

Namočte nudle do velké misky horké vody, dokud nezměknou, 5 až 15 minut, v závislosti na tloušťce nudlí. Dobře sceďte a opláchněte pod studenou vodou. Scezené nudle přendejte do velké mísy a dejte stranou.

V malé misce smíchejte sójovou omáčku, limetkovou šťávu, cukr, tamarindovou pastu, rajčatovou pastu, vodu a drcenou červenou papriku. Promíchejte, aby se dobře promíchalo a odstavte.

Ve velké pánvi nebo woku rozehřejte na středním plameni 2 lžíce oleje. Přidejte tofu a za stálého míchání smažte do zlatova, asi 5 minut. Přendejte na talíř a odložte stranou.

Ve stejné pánvi nebo woku rozehřejte zbývající 1 lžíci oleje na středním plameni. Přidejte cibuli a za stálého míchání opékejte 1 minutu. Přidejte zelenou cibulku a česnek, za stálého míchání opékejte 30 sekund, poté přidejte vařené tofu a vařte asi 5 minut za občasného promíchání do zlatova. Přidejte uvařené nudle a promíchejte, aby se spojily a prohřely.

Vmíchejte omáčku a vařte, promíchejte, aby se obalila, v případě potřeby přidejte jednu nebo dvě další vody .

aby nedošlo k přilepení. Když jsou nudle horké a měkké, navršte je na servírovací talíř a posypte arašídy a koriandrem. Po straně talíře ozdobte fazolovými klíčky a měsíčky limetky. Podávejte horké.

## 50. Opilé špagety s tofu

**Vyrobí 4 porce**

- 12 uncí špaget
- 3 lžíce sójové omáčky
- 1 lžíce vegetariánské ústřicové omáčky (volitelně)
- 1 lžička světle hnědého cukru
- 8 uncí extra tuhého tofu, scezeného a lisovaného (viz Tofu )
- 2 lžíce řepkového nebo hroznového oleje
- 1 střední červená cibule, nakrájená na tenké plátky
- 1 střední červená paprika, nakrájená na tenké plátky

- 1 šálek sněhového hrášku, nakrájeného
- 2 stroužky česneku, nasekané
- $1/2$ lžičky drcené červené papriky
- 1 šálek čerstvých lístků thajské bazalky

V hrnci s vroucí osolenou vodou vařte špagety na středně vysokém ohni za občasného míchání, dokud nejsou al dente, asi 8 minut. Dobře sceďte a přendejte do velké mísy. V malé misce smíchejte sójovou omáčku, ústřicovou omáčku, pokud ji používáte, a cukr. Dobře promíchejte, poté nalijte na odložené špagety a promíchejte, aby se obalily. Zrušit.

Tofu nakrájejte na $1/2$-palcové proužky. Ve velké pánvi nebo woku rozehřejte 1 lžíci oleje na středně vysokou teplotu. Přidejte tofu a vařte dozlatova, asi 5 minut. Sundejte z pánve a dejte stranou.

Vraťte pánev na oheň a přidejte zbývající 1 lžíci řepkového oleje. Přidejte cibuli, papriku, sněhový hrášek, česnek a drcenou červenou papriku. Za stálého míchání opékejte, dokud zelenina nezměkne, asi 5 minut. Přidejte uvařené špagety a směs omáčky, uvařené tofu a bazalku a za stálého míchání opékejte do tepla, asi 4 minuty.

# ТЕМРЕН

## 51. Špagety ve stylu Carbonara

**Vyrobí 4 porce**

- 2 lžíce olivového oleje
- 3 střední šalotky, mleté
- 4 unce tempehové slaniny, domácí (viz Tempeh Bacon ) nebo koupené v obchodě, nakrájené
- 1 hrnek obyčejného neslazeného sójového mléka
- $1/2$ šálku měkkého nebo hedvábného tofu, okapaného
- $1/4$ šálku nutričního droždí
- Sůl a čerstvě mletý černý pepř
- 1 libra špaget
- 3 lžíce nasekané čerstvé petrželky

Ve velké pánvi rozehřejte olej na středním plameni. Přidejte šalotku a vařte do měkka, asi 5 minut. Přidejte tempehovou slaninu a za častého míchání opékejte, dokud lehce nezhnědne, asi 5 minut. Zrušit.

V mixéru smíchejte sójové mléko, tofu, nutriční droždí a sůl a pepř podle chuti. Rozmixujte do hladka. Zrušit.

Ve velkém hrnci s vroucí osolenou vodou vařte špagety na středně vysokém ohni za občasného míchání, dokud nejsou al dente, asi 10 minut. Dobře sceďte a přendejte do velké servírovací mísy. Přidejte tofu směs, $^{1}/_{4}$ šálku parmezánu a všechny kromě 2 polévkových lžic směsi tempehové slaniny.

Jemně promíchejte, aby se propojily a ochutnaly, v případě potřeby upravte koření a přidejte trochu více sójového mléka, pokud je příliš suché. Navrch posypte několika kousky pepře, zbylou tempehovou slaninou, zbylým parmazánem a petrželkou. Ihned podávejte.

## 51. Tempeh a zeleninová restování

**Vyrobí 4 porce**

- 10 uncí tempehu
- Sůl a čerstvě mletý černý pepř
- 2 lžičky kukuřičného škrobu
- 4 šálky malých růžiček brokolice
- 2 lžíce řepkového nebo hroznového oleje
- 2 lžíce sójové omáčky
- 2 lžíce vody
- 1 lžíce mirin
- $1/2$ lžičky drcené červené papriky
- 2 lžičky praženého sezamového oleje
- 1 střední červená paprika, nakrájená na $1/2$-palcové plátky
- 6 uncí bílých hub, lehce opláchnutých, osušených a nakrájených na $1/2$-palcové plátky
- 2 stroužky česneku, nasekané

- 3 lžíce nasekané zelené cibule
- 1 lžička strouhaného čerstvého zázvoru

Ve středně vroucí vodě vaříme tempeh 30 minut. Scedíme, osušíme a necháme vychladnout. Tempeh nakrájejte na $1/2$-palcové kostky a vložte do mělké misky. Dochuťte solí a černým pepřem podle chuti, posypte kukuřičným škrobem a promíchejte. Zrušit.

Brokolici zlehka poduste téměř do měkka, asi 5 minut. Spusťte pod studenou vodou, abyste zastavili proces vaření a zachovali si jasně zelenou barvu. Zrušit.

Ve velké pánvi nebo woku zahřejte 1 lžíci řepkového oleje na středně vysokou teplotu. Přidejte tempeh a za stálého míchání smažte do zlatova, asi 5 minut. Sundejte z pánve a dejte stranou.

V malé misce smíchejte sójovou omáčku, vodu, mirin, drcenou červenou papriku a sezamový olej. Zrušit.

Ohřejte stejnou pánev na středně vysokou teplotu. Přidejte zbývající 1 lžíci řepkového oleje. Přidejte papriku a houby a za stálého míchání opékejte do změknutí, asi 3 minuty. Přidejte česnek, zelenou cibulku a zázvor a za stálého míchání smažte 1 minutu. Přidejte dušenou brokolici a osmažený tempeh a za stálého míchání smažte 1 minutu. Vmíchejte směs sójové omáčky a za stálého míchání smažte, dokud tempeh a zelenina nejsou horké a dobře potažené omáčkou. Ihned podávejte.

## 52. Teriyaki Tempeh

**Vyrobí 4 porce**

- 1 libra tempehu, nakrájená na $^1/_4$-palcové plátky
- $^1/_4$ šálku čerstvé citronové šťávy
- 1 lžička mletého česneku
- 2 lžíce nasekané zelené cibule
- 2 lžičky strouhaného čerstvého zázvoru
- 1 lžíce cukru
- 2 lžíce praženého sezamového oleje
- 1 lžíce kukuřičného škrobu
- 2 lžíce vody
- 2 lžíce řepkového nebo hroznového oleje

Ve středně vroucí vodě vaříme tempeh 30 minut. Sceďte a vložte do velké mělké misky. V malé misce smíchejte sójovou omáčku, citronovou šťávu, česnek, zelenou cibulku, zázvor, cukr, sezamový olej, kukuřičný škrob a vodu. Dobře promíchejte a poté nalijte marinádu na uvařený tempeh, aby se obalil. Tempeh marinujte 1 hodinu.

Ve velké pánvi rozehřejte řepkový olej na středním plameni. Vyjměte tempeh z marinády, marinádu si ponechte. Přidejte tempeh na rozpálenou pánev a opékejte dozlatova z obou stran, asi 4 minuty z každé strany. Přidejte odloženou marinádu a vařte, dokud tekutina nezhoustne, asi 8 minut. Ihned podávejte.

## 53. Grilovaný Tempeh

**Vyrobí 4 porce**

- 1 libra tempehu, nakrájená na 2-palcové tyčinky
- 2 lžíce olivového oleje
- 1 střední cibule, nasekaná
- 1 střední červená paprika, mletá
- 2 stroužky česneku, nasekané
- (14,5 unce) plechovka drcených rajčat
- 2 lžíce tmavé melasy
- 2 lžíce jablečného octa
- lžíce sójové omáčky
- 2 lžičky pikantní hnědé hořčice
- 1 lžíce cukru
- $1/2$ lžičky soli
- $1/4$ lžičky mletého nového koření
- $1/4$ lžičky mletého kajenského pepře

Ve středně vroucí vodě vaříme tempeh 30 minut. Sceďte a dejte stranou.

Ve velkém hrnci rozehřejte na středním plameni 1 lžíci oleje. Přidejte cibuli, papriku a česnek. Přikryjte a vařte do změknutí, asi 5 minut. Vmíchejte rajčata, melasu, ocet, sójovou omáčku, hořčici, cukr, sůl, nové koření a kajenský pepř a přiveďte k varu. Snižte teplotu na minimum a vařte bez pokličky 20 minut.

Ve velké pánvi rozehřejte zbývající 1 lžíci oleje na středním plameni. Přidejte tempeh a vařte do zlatova, jednou otočte, asi 10 minut. Přidejte tolik omáčky, aby se tempeh bohatě obalil. Přikryjeme a dusíme, aby se chutě propojily, asi 15 minut. Ihned podávejte.

## 54. Orange-Bourbon Tempeh

**Vyrobí 4 až 6 porcí**

- 2 šálky vody
- $1/2$ šálku sójové omáčky
- tenké plátky čerstvého zázvoru
- 2 stroužky česneku, nakrájíme na plátky
- 1 libra tempehu, nakrájená na tenké plátky
- Sůl a čerstvě mletý černý pepř
- $1/4$ šálku řepkového nebo hroznového oleje
- 1 lžíce světle hnědého cukru
- $1/8$ lžičky mletého nového koření
- $1/3$ šálku čerstvé pomerančové šťávy
- $1/4$ šálku bourbonu nebo 5 plátků pomeranče, rozpůlených
- 1 lžíce kukuřičného škrobu smíchaná se 2 lžícemi vody

Ve velkém hrnci smíchejte vodu, sójovou omáčku, zázvor, česnek a pomerančovou kůru. Tempeh vložte do marinády a přiveďte k varu. Snižte teplotu na minimum a vařte 30 minut. Vyjměte tempeh z marinády, marinádu si ponechte. Tempeh podle chuti osolíme a opepříme. Vložte mouku do mělké mísy. Uvařený tempeh obalíme v mouce a dáme stranou.

Ve velké pánvi rozehřejte olej na středním plameni. Přidejte tempeh, v případě potřeby po dávkách, a vařte do zhnědnutí z obou stran, asi 4 minuty z každé strany. Postupně vmícháme odloženou marinádu. Přidejte cukr, nové koření, pomerančový džus a bourbon. Na tempeh položte plátky pomeranče. Přikryjte a vařte, dokud omáčka nezíská sirupovitou a chutě se nespojí, asi 20 minut.

Pomocí děrované lžíce nebo špachtle vyjměte tempeh z pánve a přeneste jej na servírovací talíř. Udržujte v teple. Do omáčky přidejte směs kukuřičného škrobu a za stálého míchání vařte do zhoustnutí. Snižte plamen na minimum a za stálého míchání vařte odkryté, dokud omáčka nezhoustne. Omáčku přelijeme tempehem a ihned podáváme.

## 55. Tempeh a sladké brambory

**Vyrobí 4 porce**

- 1 libra tempehu
- 2 lžíce sójové omáčky
- 1 lžička mletého koriandru
- $1/2$ lžičky kurkumy
- 2 lžíce olivového oleje
- 3 velké šalotky, nakrájené
- 1 nebo 2 střední sladké brambory, oloupané a nakrájené na $1/2$-palcové kostky
- 2 lžičky strouhaného čerstvého zázvoru
- 1 šálek ananasové šťávy
- 2 lžičky světle hnědého cukru
- Šťáva z 1 limetky

Ve středně vroucí vodě vaříme tempeh 30 minut. Přendejte ho do mělké misky. Přidejte 2 polévkové lžíce sójové omáčky, koriandr a kurkumu, promíchejte, abyste obalili. Zrušit.

Ve velké pánvi rozehřejte na středním plameni 1 lžíci oleje. Přidejte tempeh a vařte do zhnědnutí z obou stran, asi 4 minuty z každé strany. Sundejte z pánve a dejte stranou.

Ve stejné pánvi rozehřejte zbývající 2 lžíce oleje na středním plameni. Přidejte šalotku a sladké brambory. Přikryjte a vařte, dokud mírně nezměkne a lehce zhnědne, asi 10 minut. Vmíchejte zázvor, ananasovou šťávu, zbývající 1 polévkovou lžíci sójové omáčky a cukr a míchejte, aby se vše spojilo. Snižte teplotu na minimum, přidejte uvařený tempeh, přikryjte a vařte, dokud nejsou brambory měkké, asi 10 minut. Tempeh a batáty přendejte do servírovací misky a udržujte v teple. Do omáčky vmíchejte limetkovou šťávu a vařte 1 minutu, aby se chutě propojily. Tempeh přelijte omáčkou a ihned podávejte.

## 56. Kreolský Tempeh

**Vyrobí 4 až 6 porcí**

- 1 libra tempehu, nakrájená na $^1/_4$-palcové plátky
- $^1/_4$ šálku sójové omáčky
- 2 lžíce kreolského koření
- $^1/_2$ šálku univerzální mouky
- 2 lžíce olivového oleje
- 1 středně sladká žlutá cibule, nakrájená
- 2 celerová žebra, nakrájená
- 1 středně zelená paprika, nakrájená
- 3 stroužky česneku, nakrájené
- 1 (14,5 unce) plechovka nakrájených rajčat, okapaných
- 1 lžička sušeného tymiánu
- $^1/_2$ šálku suchého bílého vína
- Sůl a čerstvě mletý černý pepř

Tempeh vložte do velkého hrnce s dostatečným množstvím vody, aby bylo pokryto. Přidejte sójovou omáčku a 1 polévkovou lžíci kreolského koření. Přikryjeme a dusíme 30 minut. Vyjměte tempeh z tekutiny a dejte stranou, tekutinu si rezervujte.

V mělké misce smíchejte mouku se zbývajícími 2 lžícemi kreolského koření a dobře promíchejte. Tempeh nasypte do moučné směsi a dobře obalte. Ve velké pánvi rozehřejte na středním plameni 1 lžíci oleje. Přidejte vydlabaný tempeh a vařte do zhnědnutí z obou stran, asi 4 minuty z každé strany. Vyjměte tempeh z pánve a dejte stranou.

Ve stejné pánvi rozehřejte zbývající 1 lžíci oleje na středním plameni. Přidejte cibuli, celer, papriku a česnek. Zakryjte a vařte, dokud zelenina nezměkne, asi 10 minut. Vmíchejte rajčata a poté přidejte tempeh zpět do pánve spolu s tymiánem, vínem a 1 šálkem odložené tekutiny. Dochuťte solí a pepřem podle chuti. Přiveďte k varu a vařte odkryté asi 30 minut, aby se tekutina zredukovala a chutě se promísily. Ihned podávejte.

## 57. Tempeh s citronem a kapary

**Vyrobí 4 až 6 porcí**

- 1 libra tempehu, nakrájená vodorovně na $^1/_4$-palcové plátky
- $^1/_2$ šálku sójové omáčky
- $^1/_2$ šálku univerzální mouky
- Sůl a čerstvě mletý černý pepř
- 2 lžíce olivového oleje
- 2 střední šalotky, mleté
- 2 stroužky česneku, nasekané
- 2 lžíce kapary
- $^1/_2$ šálku suchého bílého vína
- $^1/_2$ šálku zeleninového vývaru, domácího (viz Světlý zeleninový vývar ) nebo z obchodu
- 2 lžíce veganského margarínu
- Šťáva z 1 citronu
- 2 lžíce nasekané čerstvé petrželky

Tempeh vložte do velkého hrnce s dostatečným množstvím vody, aby bylo pokryto. Přidejte sójovou omáčku a vařte 30 minut. Tempeh vyjmeme z hrnce a necháme vychladnout. V mělké misce smíchejte mouku a sůl a pepř podle chuti. Tempeh nasypte do moučné směsi, obalte obě strany. Zrušit.

Ve velké pánvi rozehřejte na středním plameni 2 lžíce oleje. Přidejte tempeh, v případě potřeby po dávkách, a vařte do zhnědnutí z obou stran, celkem asi 8 minut. Vyjměte tempeh z pánve a dejte stranou.

Ve stejné pánvi rozehřejte zbývající 1 lžíci oleje na středním plameni. Přidejte šalotku a vařte asi 2 minuty. Přidejte česnek, poté vmíchejte kapary, víno a vývar. Tempeh vraťte na pánev a vařte 6 až 8 minut. Vmíchejte margarín, citronovou šťávu a petržel a míchejte, aby se margarín rozpustil. Ihned podávejte.

## 58. Tempeh s javorovou a balzamikovou glazurou

**Vyrobí 4 porce**

- 1 libra tempehu, nakrájená na 2-palcové tyčinky
- 2 lžíce balzamikového octa
- 2 lžíce čistého javorového sirupu
- 1 $^1/_2$ lžíce pikantní hnědé hořčice
- 1 lžička Tabasco omáčky
- 1 lžíce olivového oleje
- 2 stroužky česneku, nasekané
- $^1/_2$ šálku zeleninového vývaru, domácího (viz Světlý zeleninový vývar ) nebo z obchodu Sůl a čerstvě mletý černý pepř

Ve středně vroucí vodě vaříme tempeh 30 minut. Sceďte a osušte.

V malé misce smíchejte ocet, javorový sirup, hořčici a Tabasco. Zrušit.

Ve velké pánvi rozehřejte olej na středním plameni. Přidejte tempeh a opékejte do zhnědnutí z obou stran, jednou otočte, asi 4 minuty z každé strany. Přidejte česnek a vařte ještě 30 sekund.

Vmícháme vývar a podle chuti osolíme a opepříme. Zvyšte teplotu na středně vysokou a vařte odkryté asi 3 minuty, nebo dokud se tekutina téměř neodpaří.

Přidejte odloženou hořčičnou směs a vařte 1 až 2 minuty, přičemž tempeh otáčejte, aby se obalil omáčkou a pěkně zesklovatěl. Dávejte pozor, abyste se nespálili. Ihned podávejte.

## 59. Lákavý Tempeh Chili

**Vyrobí 4 až 6 porcí**

- 1 libra tempehu
- 1 lžíce olivového oleje
- 1 středně žlutá cibule, nakrájená
- 1 středně zelená paprika, nakrájená
- 2 stroužky česneku, nasekané
- lžíce chilli prášku
- 1 lžička sušeného oregana
- 1 lžička mletého kmínu

- (28 uncí) plechovka drcených rajčat
- $1/2$ šálku vody, plus více v případě potřeby
- 1 $1/2$ šálků uvařených nebo 1 (15,5 unce) plechovky fazolí, scezených a propláchnutých
- 1 (4 unce) plechovka nasekané jemně zelené chilli papričky, okapané
- Sůl a čerstvě mletý černý pepř
- 2 lžíce mletého čerstvého koriandru

Ve středně vroucí vodě vaříme tempeh 30 minut. Sceďte a nechte vychladnout, poté nakrájejte nadrobno a dejte stranou.

Ve velkém hrnci rozehřejte olej. Přidejte cibuli, papriku a česnek, přikryjte a vařte do změknutí, asi 5 minut. Přidejte tempeh a vařte odkryté dozlatova asi 5 minut. Přidejte chilli prášek, oregano a kmín. Vmíchejte rajčata, vodu, fazole a chilli. Dochuťte solí a černým pepřem podle chuti. Dobře promíchejte, aby se spojily.

Přiveďte k varu, poté snižte teplotu na minimum, přikryjte a vařte 45 minut za občasného míchání a v případě potřeby přidejte trochu vody.

Posypte koriandrem a ihned podávejte.

### 60. Tempeh Cacciatore

**Vyrobí 4 až 6 porcí**

- 1 libra tempehu, nakrájeného na tenké plátky
- 2 lžíce řepkového nebo hroznového oleje
- 1 střední červená cibule, nakrájená na $^1/_2$-palcové kostky
- středně červená paprika, nakrájená na $^1/_2$-palcové kostky
- střední mrkev, nakrájená na $^1/_4$-palcové plátky
- 2 stroužky česneku, nasekané
- 1 (28 uncí) plechovka nakrájených rajčat, okapaných
- $^1/_4$ šálku suchého bílého vína
- 1 lžička sušeného oregana
- 1 lžička sušené bazalky
- Sůl a čerstvě mletý černý pepř

Ve středně vroucí vodě vaříme tempeh 30 minut. Sceďte a osušte.

Ve velké pánvi rozehřejte na středním plameni 1 lžíci oleje. Přidejte tempeh a vařte do zhnědnutí z obou stran, celkem 8 až 10 minut. Sundejte z pánve a dejte stranou.

Ve stejné pánvi rozehřejte zbývající 1 lžíci oleje na středním plameni. Přidejte cibuli, papriku, mrkev a česnek. Přikryjte a vařte do změknutí, asi 5 minut. Přidejte rajčata, víno, oregano, bazalku, sůl a černý pepř podle chuti a přiveďte k varu. Snižte teplotu na minimum, přidejte odložený tempeh a vařte odkryté, dokud zelenina nezměkne a chutě se dobře nepropojí, asi 30 minut. Ihned podávejte.

## 61. Indonéský Tempeh V Kokosové Omáčce

**Vyrobí 4 až 6 porcí**

- 1 libra tempehu, nakrájená na $^1/_4$-palcové plátky
- 2 lžíce řepkového nebo hroznového oleje
- 1 středně žlutá cibule, nakrájená
- 3 stroužky česneku, nasekané
- 1 střední červená paprika, nakrájená
- 1 středně zelená paprika, nakrájená
- 1 nebo 2 malé Serrano nebo jiné čerstvé pálivé chilli papričky, zbavené semínek a nasekané
- 1 (14,5 unce) plechovka nakrájených rajčat, okapaných
- 1 (13,5 unce) plechovka neslazeného kokosového mléka
- Sůl a čerstvě mletý černý pepř
- $^1/_2$ šálku nesolených pražených arašídů, mletých nebo drcených, na ozdobu
- 2 lžíce mletého čerstvého koriandru, na ozdobu

Ve středně vroucí vodě vaříme tempeh 30 minut. Sceďte a osušte.

Ve velké pánvi rozehřejte na středním plameni 1 lžíci oleje. Přidejte tempeh a vařte dozlatova z obou stran, asi 10 minut. Sundejte z pánve a dejte stranou.

Ve stejné pánvi rozehřejte zbývající 1 lžíci oleje na středním plameni. Přidejte cibuli, česnek, červenou a zelenou papriku a chilli. Přikryjte a vařte do změknutí, asi 5 minut. Vmícháme rajčata a kokosové mléko. Snižte teplotu na minimum, přidejte odložený tempeh, dochuťte solí a pepřem podle chuti a vařte odkryté, dokud se omáčka mírně nezredukuje, asi 30 minut. Posypte arašídy a koriandrem a ihned podávejte.

## 62. Zázvorovo-arašídový Tempeh

**Vyrobí 4 porce**

- 1 libra tempehu, nakrájená na $^1/_2$ palcové kostky
- 2 lžíce řepkového nebo hroznového oleje
- středně červená paprika, nakrájená na $^1/_2$-palcové kostky
- 3 stroužky česneku, nasekané
- malý svazek zelené cibule, nakrájené
- 2 lžíce strouhaného čerstvého zázvoru
- 2 lžíce sójové omáčky
- 1 lžíce cukru
- $^1/_4$ lžičky drcené červené papriky
- 1 lžíce kukuřičného škrobu
- 1 šálek vody
- 1 šálek drcených nesolených pražených arašídů
- 2 lžíce mletého čerstvého koriandru

Ve středně vroucí vodě vaříme tempeh 30 minut. Sceďte a osušte. Ve velké pánvi nebo woku rozehřejte olej na středním plameni. Přidejte tempeh a vařte, dokud lehce nezhnědne, asi 8 minut. Přidejte papriku a za stálého míchání smažte, dokud nezměkne, asi 5 minut. Přidejte česnek, zelenou cibulku a zázvor a za stálého míchání smažte, dokud nebude voňavý, 1 minutu.

V malé misce smíchejte sójovou omáčku, cukr, drcenou červenou papriku, kukuřičný škrob a vodu. Dobře promíchejte a poté nalijte do pánve. Vařte za míchání 5 minut, dokud mírně nezhoustne. Vmíchejte arašídy a koriandr. Ihned podávejte.

## 63. Tempeh s bramborami a zelím

**Vyrobí 4 porce**

- 1 libra tempehu, nakrájená na $1/2$ palcové kostky
- 2 lžíce řepkového nebo hroznového oleje
- 1 středně žlutá cibule, nakrájená
- 1 střední mrkev, nakrájená
- 1 $1/2$ polévkové lžíce sladké maďarské papriky
- 2 středně červené brambory, oloupané a nakrájené na $1/2$-palcové kostky
- 3 hrnky nakrájeného zelí
- 1 (14,5 unce) plechovka nakrájených rajčat, okapaných
- $1/4$ šálku suchého bílého vína
- 1 šálek zeleninového vývaru, domácího (viz Světlý zeleninový vývar ) nebo z obchodu Sůl a čerstvě mletý černý pepř
- $1/2$ šálku veganské zakysané smetany, domácí (viz Tofu zakysaná smetana ) nebo koupené v obchodě (volitelné)

Ve středně vroucí vodě vaříme tempeh 30 minut. Sceďte a osušte.

Ve velké pánvi rozehřejte na středním plameni 1 lžíci oleje. Přidejte tempeh a vařte dozlatova z obou stran, asi 10 minut. Tempeh vyjměte a dejte stranou.

Ve stejné pánvi rozehřejte zbývající 1 lžíci oleje na středním plameni. Přidejte cibuli a mrkev, přikryjte a vařte do změknutí, asi 10 minut. Vmícháme papriku, brambory, zelí, rajčata, víno a vývar a přivedeme k varu. Dochuťte solí a pepřem podle chuti

Snižte teplotu na střední, přidejte tempeh a odkryté vařte 30 minut, nebo dokud zelenina nezměkne a chutě se nespojí. Všlehejte zakysanou smetanu, pokud používáte, a ihned podávejte.

## 64. Southern Succotash Stew

**Vyrobí 4 porce**

- 10 uncí tempehu
- 2 lžíce olivového oleje
- 1 velká sladce žlutá cibule, nakrájená nadrobno
- 2 středně červené brambory, oloupané a nakrájené na $^1/_2$-palcové kostky
- 1 (14,5 unce) plechovka nakrájených rajčat, okapaných
- 1 (16 uncový) balíček mražené sukcotaše
- 2 šálky zeleninového vývaru, domácího (viz Světlý zeleninový vývar) nebo z obchodu, nebo vody
- 2 lžíce sójové omáčky
- 1 lžička suché hořčice
- 1 lžička cukru
- $^1/_2$ lžičky sušeného tymiánu
- $^1/_2$ lžičky mletého nového koření
- $^1/_4$ lžičky mletého kajenského pepře
- Sůl a čerstvě mletý černý pepř

Ve středně vroucí vodě vaříme tempeh 30 minut. Sceďte, osušte a nakrájejte na 1-palcové kostky.

Ve velké pánvi rozehřejte na středním plameni 1 lžíci oleje. Přidejte tempeh a vařte do zhnědnutí z obou stran, asi 10 minut. Zrušit.

Ve velkém hrnci rozehřejte zbývající 1 lžíci oleje na středním plameni. Přidejte cibuli a vařte do změknutí, 5 minut. Přidejte brambory, mrkev, rajčata, sukotaš, vývar, sójovou omáčku, hořčici, cukr, tymián, nové koření a kajenský pepř. Dochuťte solí a pepřem podle chuti. Přiveďte k varu, poté snižte teplotu na minimum a přidejte tempeh. Přikryté dusíme, dokud zelenina nezměkne, za občasného míchání asi 45 minut.

Asi 10 minut před dokončením dušení vmíchejte tekutý kouř. Ochutnejte, v případě potřeby upravte koření

Ihned podávejte.

## 65. Pečený kastrol Jambalaya

**Vyrobí 4 porce**

- 10 uncí tempehu
- 2 lžíce olivového oleje
- 1 středně žlutá cibule, nakrájená
- 1 středně zelená paprika, nakrájená
- 2 stroužky česneku, nasekané
- 1 (28 uncí) plechovka nakrájených rajčat, neodkapaných

- $1/2$ šálku bílé rýže
- 1 $1/2$ šálků zeleninového vývaru, domácího (viz Světlý zeleninový vývar ) nebo z obchodu, nebo vody
- 1 $1/2$ šálků uvařených nebo 1 (15,5 unce) plechovky tmavě červených fazolí, scezených a propláchnutých
- 1 lžíce nasekané čerstvé petrželky
- 1 $1/2$ lžičky Cajun koření
- 1 lžička sušeného tymiánu
- $1/2$ lžičky soli
- $1/4$ lžičky čerstvě mletého černého pepře

Ve středně vroucí vodě vaříme tempeh 30 minut. Sceďte a osušte. Nakrájejte na $1/2$-palcové kostky. Předehřejte troubu na 350 °F.

Ve velké pánvi rozehřejte na středním plameni 1 lžíci oleje. Přidejte tempeh a vařte do zhnědnutí z obou stran, asi 8 minut. Přeneste tempeh do zapékací mísy o rozměrech 9 x 13 palců a dejte stranou.

Ve stejné pánvi rozehřejte zbývající 1 lžíci oleje na středním plameni. Přidejte cibuli, papriku a česnek. Přikryjte a vařte, dokud zelenina nezměkne, asi 7 minut.

Zeleninovou směs přidáme do zapékací mísy s tempehem. Vmíchejte rajčata s tekutinou, rýži, vývar, fazole, petržel, cajunské koření, tymián, sůl a černý pepř. Dobře promíchejte, poté pevně přikryjte a pečte, dokud rýže nezměkne, asi 1 hodinu. Ihned podávejte.

## 66. Tempeh a sladký bramborový koláč

**Vyrobí 4 porce**

- 8 uncí tempehu
- 3 střední sladké brambory, oloupané a nakrájené na $^1/_2$-palcové kostky
- 2 lžíce veganského margarínu
- $^1/_4$ šálku obyčejného neslazeného sójového mléka
- Sůl a čerstvě mletý černý pepř
- 2 lžíce olivového oleje
- 1 středně žlutá cibule, nakrájená nadrobno
- 2 střední mrkve, nakrájené
- 1 šálek mraženého hrášku, rozmraženého
- 1 šálek zmrazených kukuřičných zrn, rozmražených
- 1 $^1/_2$ šálků houbové omáčky
- $^1/_2$ lžičky sušeného tymiánu

Ve středně vroucí vodě vaříme tempeh 30 minut. Sceďte a osušte. Tempeh nasekejte nadrobno a dejte stranou.

Batáty vařte v páře do měkka, asi 20 minut. Předehřejte troubu na 350 °F. Sladké brambory rozmačkejte s margarínem, sójovým mlékem a podle chuti osolte a opepřete. Zrušit.

Ve velké pánvi rozehřejte na středním plameni 1 lžíci oleje. Přidejte cibuli a mrkev, přikryjte a vařte do měkka, asi 10 minut. Přeneste do 10palcového pekáče.

Ve stejné pánvi rozehřejte zbývající 1 lžíci oleje na středním plameni. Přidejte tempeh a vařte do zhnědnutí z obou stran, 8 až 10 minut. Tempeh přidejte do pekáče s cibulí a mrkví. Vmíchejte hrášek, kukuřici a houbovou omáčku. Přidejte tymián a podle chuti osolte a opepřete. Míchejte, aby se spojily.

Navrch rozložte rozmačkané batáty, pomocí stěrky rovnoměrně rozetřete k okrajům pánve. Pečte, dokud brambory lehce nezhnědnou a náplň není horká, asi 40 minut. Ihned podávejte.

## 67. Těstoviny plněné lilkem a tempehem

**Vyrobí 4 porce**

- 8 uncí tempehu
- 1 střední lilek
- 12 velkých skořápek těstovin
- 1 stroužek česneku, rozmačkaný
- $1/4$ lžičky mletého kajenského pepře
- Sůl a čerstvě mletý černý pepř
- Suchá nekořeněná strouhanka

- 3 šálky marinara omáčky, domácí (viz Marinara omáčka ) nebo koupené v obchodě

Ve středně vroucí vodě vaříme tempeh 30 minut. Scedíme a necháme vychladnout.

Předehřejte troubu na 450 °F. Lilek propíchejte vidličkou a pečte na lehce olejem vymazaném plechu do změknutí asi 45 minut.

Zatímco se lilek peče, vařte skořápky těstovin v hrnci s vroucí osolenou vodou za občasného míchání, dokud nejsou al dente, asi 7 minut. Sceďte a podlijte studenou vodou. Zrušit.

Lilek vyjměte z trouby, podélně rozpůlte a slijte veškerou tekutinu. Snižte teplotu trouby na 350 °F. Pekáč o rozměrech 9 x 13 palců lehce naolejujte. V kuchyňském robotu zpracujte česnek najemno. Přidejte tempeh a pulzujte, dokud nebude hrubě namletá. Vyškrábněte dužinu lilku ze skořápky a přidejte do kuchyňského robotu s tempehem a česnekem. Přidejte kajenský pepř, dochuťte solí a pepřem podle chuti a promíchejte. Pokud je náplň sypká, přidejte trochu strouhanky.

Na dno připraveného pekáčku rozetřeme vrstvu rajčatové omáčky. Naplňte náplň do skořápek, dokud nebude dobře zabalená.

Na omáčku položte skořápky a zbylou omáčkou přelijte skořápky a kolem nich. Přikryjeme alobalem a pečeme do tepla, asi 30 minut. Odkryjeme, posypeme parmazánem a pečeme ještě 10 minut. Ihned podávejte.

## 68. Singapurské nudle s tempehem

**Vyrobí 4 porce**

- 8 uncí tempehu, nakrájeného na $^1/_2$-palcové kostky
- 8 uncí rýžových nudlí
- 1 lžíce praženého sezamového oleje
- 2 lžíce řepkového nebo hroznového oleje
- 4 lžíce sójové omáčky
- $^1/_3$ šálku krémového arašídového másla
- $^1/_2$ šálku neslazeného kokosového mléka
- $^1/_2$ šálku vody
- 1 lžíce čerstvé citronové šťávy
- 1 lžička světle hnědého cukru
- $^1/_2$ lžičky mletého kajenského pepře
- 1 střední červená paprika, nakrájená

- 3 hrnky nakrájeného zelí
- 3 stroužky česneku
- 1 šálek nakrájené zelené cibule
- 2 lžičky strouhaného čerstvého zázvoru
- 1 šálek mraženého hrášku, rozmraženého
- Sůl
- $1/4$ šálku nasekaných nesolených pražených arašídů na ozdobu
- 2 lžíce mletého čerstvého koriandru, na ozdobu

Ve středně vroucí vodě vaříme tempeh 30 minut. Sceďte a osušte. Namočte rýžové nudle do velké misky horké vody, dokud nezměknou, asi 5 minut. Dobře sceďte, opláchněte a přendejte do velké mísy. Pokapeme sezamovým olejem a dáme stranou.

Ve velké pánvi rozehřejte 1 lžíci řepkového oleje na středně vysokou teplotu. Přidejte uvařený tempeh a vařte do zhnědnutí ze všech stran, přidejte 1 polévkovou lžíci sójové omáčky pro přidání barvy a chuti. Vyjměte tempeh z pánve a dejte stranou.

V mixéru nebo kuchyňském robotu smíchejte arašídové máslo, kokosové mléko, vodu, citronovou šťávu, cukr, kajenský pepř a zbývající 3 lžíce sójové omáčky. Zpracujte do hladka a odložte stranou.

Ve velké pánvi rozehřejte zbývající 1 lžíci řepkového oleje na středně vysokou teplotu. Přidejte papriku, zelí, česnek, zelenou cibulku a zázvor a vařte za občasného míchání, dokud nezměkne, asi 10 minut. Snižte teplo na minimum; vmíchejte hrášek, opražený tempeh a změklé nudle. Omáčku promícháme, podle chuti dosolíme a dusíme do tepla.

Přendejte do velké servírovací mísy, ozdobte nasekanými arašídy a koriandrem a podávejte.

## 69. Tempeh Slanina

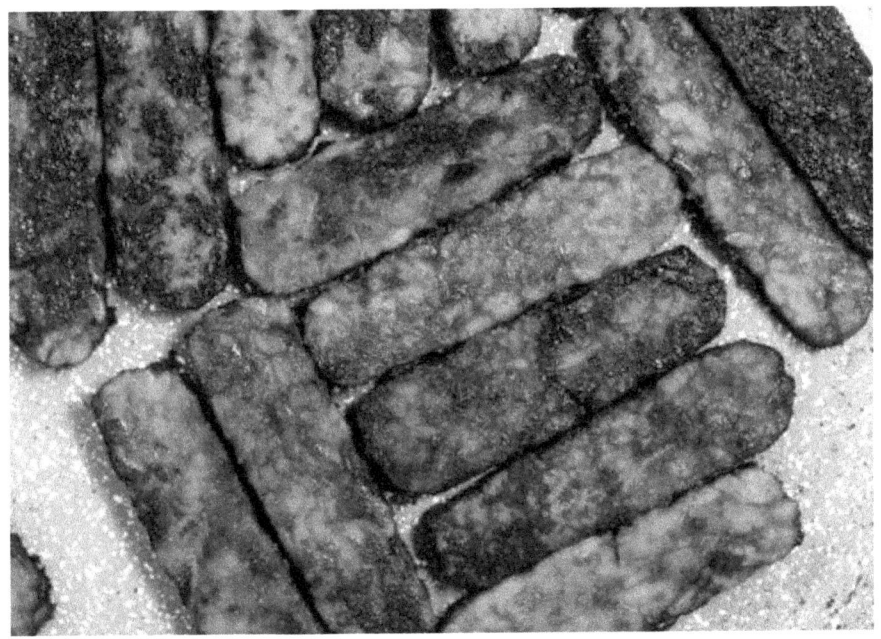

**Vyrobí 4 porce**

6 uncí tempehu
2 lžíce řepkového nebo hroznového oleje
2 lžíce sójové omáčky
$1/2$ lžičky tekutého kouře

Ve středně vroucí vodě vaříme tempeh 30 minut. Nechte stranou vychladnout, poté osušte a nakrájejte na $1/8$-palcové proužky.

Ve velké pánvi rozehřejte olej na středním plameni. Přidejte plátky tempehu a opékejte z obou stran do zhnědnutí, asi 3 minuty z každé strany. Pokapejte sójovou omáčkou a tekutým kouřem, dávejte pozor, aby nevystříkly. Otočte tempeh do kabátu. Podávejte horké.

## 70. Špagety A T-Balls

**Vyrobí 4 porce**

- 1 libra tempehu
- 2 nebo 3 stroužky česneku, jemně nasekané
- 3 lžíce jemně nasekané čerstvé petrželky
- 3 lžíce sójové omáčky
- 1 lžíce olivového oleje a další na vaření
- ¾ šálku čerstvé strouhanky
- $1/3$ šálku pšeničné lepkové mouky (životně důležitý pšeničný lepek)
- 3 lžíce výživného droždí
- $1/2$ lžičky sušeného oregana
- $1/2$ lžičky soli

- ¹/₄ lžičky čerstvě mletého černého pepře
- 1 libra špaget
- 3 šálky marinara omáčky, domácí (viz vlevo) nebo koupené v obchodě

Ve středně vroucí vodě vaříme tempeh 30 minut. Dobře sceďte a nakrájejte na kousky.

Uvařený tempeh vložíme do kuchyňského robotu, přidáme česnek a petrželku a dusíme, dokud nebude hrubě namletá. Přidejte sójovou omáčku, olivový olej, strouhanku, lepkovou mouku, droždí, oregano, sůl a černý pepř a pulsujte, aby se spojila, zanechá nějakou texturu. Směs tempehu seškrábněte do mísy a rukama hnětete směs, dokud se dobře nesmíchá, 1 až 2 minuty. Pomocí rukou vyválejte směs do malých kuliček o průměru ne větší než 1 ¹/₂ palce. Opakujte se zbývající směsí tempehu.

V lehce naolejované velké pánvi rozehřejte na středním plameni tenkou vrstvu oleje. Přidejte T-koule, v případě potřeby po dávkách, a vařte, dokud nezhnědnou, a podle potřeby je posouvejte na pánvi, aby zhnědly, 15 až 20 minut. Alternativně můžete T-koule uspořádat na naolejovaný plech a péct při 350 °F po dobu 25 až 30 minut, přičemž jednou v polovině otočte.

Ve velkém hrnci s vroucí osolenou vodou vařte špagety na středně vysokém ohni za občasného míchání, dokud nejsou al dente, asi 10 minut.

Zatímco se špagety vaří, zahřejte omáčku marinara ve středním hrnci na středním ohni, dokud nebude horká.

Když jsou těstoviny uvařené, dobře je sceďte a rozdělte na 4 talíře nebo mělké misky na těstoviny. Doplňte každou porci několika T-koulemi. Omáčkou přelijte T-Balls a špagety a podávejte horké. Smíchejte zbývající T-koule a omáčku v servírovací misce a podávejte.

## 71. Paglia E Fieno s hráškem

**Vyrobí 4 porce**

- $^1/_3$ šálku plus 1 lžíce olivového oleje
- 2 středně velké šalotky, jemně nasekané
- $^1/_4$ šálku nakrájené tempehové slaniny, domácí (viz Tempeh Bacon ) nebo koupené v obchodě (volitelné)
- Sůl a čerstvě mletý černý pepř
- 8 uncí běžného nebo celozrnného linguine
- 8 uncí špenátu linguine
- Veganský parmezán nebo parmasio

Ve velké pánvi rozehřejte na středním plameni 1 lžíci oleje. Přidejte šalotku a vařte do měkka, asi 5 minut. Přidejte tempehovou slaninu, pokud používáte, a vařte, dokud nezezlátne. Vmícháme houby a vaříme do změknutí, asi 5 minut. Dochuťte solí a pepřem podle chuti. Vmíchejte hrášek a zbývající $1/3$ šálku oleje. Přikryjte a udržujte v teple na velmi nízkém ohni.

Ve velkém hrnci s vroucí osolenou vodou vařte linguine na středně vysokém ohni za občasného míchání, dokud nebude al dente, asi 10 minut. Dobře sceďte a přendejte do velké servírovací mísy.

Přidejte omáčku, dochuťte solí a pepřem podle chuti a posypte parmazánem. Jemně promíchejte, aby se spojily a ihned podávejte.

# SEITA N

## 72. Základní vařený seitan

**Dělá asi 2 kila**

**Seitan**

- 1¾ šálků pšeničné lepkové mouky (životně důležitý pšeničný lepek)
- ½ lžičky soli
- ½ lžičky cibulového prášku
- ¼ lžičky sladké papriky
- 1 lžíce olivového oleje
- 2 lžíce sójové omáčky
- 1 ⅔ šálků studené vody

**Kapalina na vaření:**
- 2 litry vody
- $1/2$ šálku sójové omáčky
- 2 stroužky česneku, rozdrcené

Připravte seitan: V kuchyňském robotu smíchejte pšeničnou lepkovou mouku, nutriční droždí, sůl, cibulový prášek a papriku. Puls pro smíchání. Přidejte olej, sójovou omáčku a vodu a minutu zpracujte, aby vzniklo těsto. Směs vyklopte na lehce pomoučněnou pracovní plochu a hněťte, dokud nebude hladká a pružná, asi 2 minuty.

Připravte tekutinu na vaření: Ve velkém hrnci smíchejte vodu, sójovou omáčku a česnek.

Seitanové těsto rozdělíme na 4 stejné díly a vložíme do vroucí tekutiny. Přiveďte k varu na středně vysoké teplotě, poté snižte teplotu na středně nízkou, přikryjte a vařte za občasného obracení 1 hodinu doměkka. Vypněte oheň a nechte seitan vychladnout v tekutině. Jakmile seitan vychladne, může být použit v receptech nebo chlazen v tekutině v těsně uzavřené nádobě až na týden nebo zmrazený až na 3 měsíce.

## 73. Plněná pečená seitanová pečeně

**Vyrobí 6 porcí**

- 1 recept Základní dušený seitan , nevařený
- 1 lžíce olivového oleje
- 1 malá žlutá cibule, nasekaná
- 1 celerové žebro, mleté
- $^1/_2$ lžičky sušeného tymiánu
- $^1/_2$ lžičky sušené šalvěje
- $^1/_2$ šálku vody, nebo více v případě potřeby
- Sůl a čerstvě mletý černý pepř
- 2 šálky kostek čerstvého chleba
- $^1/_4$ šálku mleté čerstvé petrželky

Surový seitan položte na lehce pomoučněnou pracovní plochu a lehce pomoučenýma rukama jej roztáhněte, dokud nebude plochý a silný asi $1/2$ palce. Umístěte zploštělý seitan mezi dva listy plastového obalu nebo pergamenový papír. Pomocí válečku jej co nejvíce zploštěte (bude elastický a odolný). Navrch položte plech na pečení zatížený galonem vody nebo konzervy a nechte odpočinout, zatímco budete dělat nádivku.

Ve velké pánvi rozehřejte olej na středním plameni. Přidejte cibuli a celer. Přikryjeme a vaříme do měkka 10 minut. Vmícháme tymián, šalvěj, vodu a podle chuti osolíme a opepříme. Sundejte z plotny a dejte stranou. Vložte chléb a petrželku do velké mísy. Přidejte cibulovou směs a dobře promíchejte, pokud je náplň příliš suchá, přidejte trochu vody. Ochutnejte, v případě potřeby upravte koření. v případě potřeby. Zrušit.

Předehřejte troubu na 350 °F. Pekáč o rozměrech 9 x 13 palců lehce naolejujte a dejte stranou. Zploštělý seitan rozválejte válečkem, dokud nebude silný asi $1/4$ palce. Náplň rozetřeme po povrchu seitan a opatrně a rovnoměrně srolujte. Vložte pečený šev stranou dolů do připraveného pekáče. Vršek a boky pečeně potřeme trochou oleje a přikryté pečeme 45 minut, poté odkryjeme a dopečeme do zpevnění a leskle hnědé, asi o 15 minut déle.

Před krájením vyjměte z trouby a nechte 10 minut stát. Pomocí zoubkovaného nože ji nakrájejte na $1/2$-palcové plátky. Poznámka: Pro snazší krájení pečeně připravte a před krájením zcela vychladněte. Celou nebo část pečeně nakrájejte a poté před podáváním zahřívejte v dobře zakryté troubě 15 až 20 minut.

## 74. Seitan Pot Roast

**Vyrobí 4 porce**

- 1 recept Základní dušený seitan
- 2 lžíce olivového oleje
- 3 až 4 střední šalotky, rozpůlené podélně
- 1 libra brambor Yukon Gold, oloupaná a nakrájená na 2-palcové kousky
- $1/2$ lžičky sušeného pikantního
- $1/4$ lžičky mleté šalvěje
- Sůl a čerstvě mletý černý pepř
- Křen, sloužit

Postupujte podle pokynů pro přípravu základního vařeného seitanu, ale před vařením rozdělte seitanové těsto na 2 kusy místo 4. Po 30 minutách vychladnutí seitanu ve vývaru jej vyjměte z hrnce a dejte stranou. Zarezervujte si tekutinu na vaření a zlikvidujte všechny pevné látky. 1 kus seitanu (asi 1 libra) si rezervujte pro budoucí použití tak, že ho vložíte do misky a zalijete trochou tekutiny na vaření. Zakryjte a chlaďte, dokud nebude potřeba. Pokud seitan nepoužijete do 3 dnů, zcela vychlaďte, pevně zabalte a zmrazte.

Ve velkém hrnci rozehřejte na středním plameni 1 lžíci oleje. Přidejte šalotku a mrkev. Zakryjte a vařte 5 minut. Přidejte brambory, tymián, saturejku, šalvěj a podle chuti osolte a opepřete. Přidejte 1 $^1/_2$ šálku odložené tekutiny na vaření a přiveďte k varu. Snižte teplotu na minimum a vařte přikryté 20 minut.

Odložený seitan potřete zbylou 1 lžící oleje a paprikou. Na vařenou zeleninu položte seitan. Přikryjte a pokračujte v vaření, dokud zelenina nezměkne, asi 20 minut. Seitan nakrájejte na tenké plátky a položte na velký servírovací talíř obklopený vařenou zeleninou. Podávejte ihned, s křenem na boku.

## 75. Téměř jedna mísa díkůvzdání večeře

**Vyrobí 6 porcí**

- 2 lžíce olivového oleje
- 1 šálek jemně nakrájené cibule
- 2 celerová žebra, nakrájená nadrobno
- 2 šálky nakrájených bílých hub
- $1/2$ lžičky sušeného tymiánu
- $1/2$ lžičky sušeného pikantního
- $1/2$ lžičky mleté šalvěje
- Špetka mletého muškátového oříšku
- Sůl a čerstvě mletý černý pepř
- 2 šálky kostek čerstvého chleba

- 2 $^1/_2$ šálků zeleninového vývaru, domácího (viz Světlý zeleninový vývar ) nebo z obchodu
- $^1/_3$ šálku slazených sušených brusinek
- 8 uncí extra tuhého tofu, scezeného a nakrájeného na $^1/_4$ palcové plátky
- 8 uncí seitanu, domácího nebo koupeného v obchodě, nakrájeného na velmi tenké plátky
- 2 $^1/_2$ šálky základní bramborové kaše
- 1 plát mraženého listového těsta, rozmražené

Předehřejte troubu na 400 °F. 10palcovou čtvercovou zapékací misku lehce naolejujte. Ve velké pánvi rozehřejte olej na středním plameni. Přidejte cibuli a celer. Přikryjte a vařte do změknutí, asi 5 minut. Vmíchejte houby, tymián, saturejku, šalvěj, muškátový oříšek a podle chuti osolte a opepřete. Vařte odkryté, dokud houby nezměknou, asi 3 minuty déle. Zrušit.

Ve velké míse smíchejte kostky chleba s takovým množstvím vývaru, kolik je potřeba k navlhčení (asi

1 $^1/_2$ šálků). Přidejte uvařenou zeleninovou směs, vlašské ořechy a brusinky. Promíchejte, aby se dobře promíchalo a odstavte.

Ve stejné pánvi přiveďte zbývající 1 šálek vývaru k varu, snižte teplotu na střední, přidejte tofu a vařte odkryté, dokud se vývar nevstřebá, asi 10 minut. Zrušit.

Polovinu připravené náplně rozetřeme na dno připravené zapékací misky, dále polovinu seitanu, polovinu tofu a polovinu hnědé omáčky. Opakujte vrstvení se zbývající náplní, seitan, tofu a omáčka.

## 76. Seitan Milanese s Panko a citronem

**Vyrobí 4 porce**

- 2 šálky panko
- $^1/_4$ šálku mleté čerstvé petrželky
- $^1/_2$ lžičky soli
- $^1/_4$ lžičky čerstvě mletého černého pepře
- 1 libra seitanu, domácího nebo koupeného v obchodě, nakrájená na $^1/_4$-palcové plátky
- 2 lžíce olivového oleje
- 1 citron, nakrájený na měsíčky

Předehřejte troubu na 250 °F. Ve velké míse smíchejte panko, petržel, sůl a pepř. Seitan navlhčete trochou vody a vydlabejte do panko směsi.

Ve velké pánvi rozehřejte olej na středně vysokou teplotu. Přidejte seitan a vařte, jednou otočte, do zlatova, v případě potřeby pracujte po dávkách. Uvařený seitan přendejte na plech a udržujte teplý v troubě, zatímco dopečete zbytek. Podávejte ihned, s měsíčky citronu.

## 77. Seitan v sezamové krustě

**Vyrobí 4 porce**

- $1/3$ šálku sezamových semínek
- $1/3$ šálku univerzální mouky
- $1/2$ lžičky soli
- $1/4$ lžičky čerstvě mletého černého pepře
- $1/2$ šálku obyčejného neslazeného sójového mléka
- 1 libra seitanu, domácího nebo koupeného seitanu, nakrájeného na $1/4$-palcové plátky
- 2 lžíce olivového oleje

Sezamová semínka dejte na suchou pánev na střední teplotu a za stálého míchání opékejte 3 až 4 minuty do světle zlaté barvy. Nechte vychladnout a poté je rozemelte v kuchyňském robotu nebo mlýnku na koření.

Mletá sezamová semínka dejte do mělké misky a přidejte mouku, sůl a pepř a dobře promíchejte. Vložte sójové mléko do mělké misky. Ponořte seitan do sójového mléka a poté ho vymačkejte v sezamové směsi.

Ve velké pánvi rozehřejte olej na středním plameni. Přidejte seitan, v případě potřeby po dávkách, a vařte do křupava a dozlatova z obou stran, asi 10 minut. Ihned podávejte.

### 78. Seitan s artyčoky a olivami

**Vyrobí 4 porce**

- 2 lžíce olivového oleje
- 1 libra seitanu, domácího nebo koupeného v obchodě, nakrájená na $1/4$ palcové plátky
- 2 stroužky česneku, nasekané
- 1 (14,5 unce) plechovka nakrájených rajčat, okapaných
- 1 $1/2$ šálků konzervovaných nebo mražených (vařených) artyčokových srdíček, nakrájených na $1/4$-palcové plátky
- 1 lžíce kapary
- 2 lžíce nasekané čerstvé petrželky
- Sůl a čerstvě mletý černý pepř
- 1 šálek Tofu Feta (volitelné)

Předehřejte troubu na 250 °F. Ve velké pánvi rozehřejte 1 lžíci oleje na středně vysokou teplotu. Přidejte seitan a opékejte z obou stran, asi 5 minut. Seitan přendejte na žáruvzdorný talíř a udržujte teplý v troubě.

Ve stejné pánvi rozehřejte zbývající 1 lžíci oleje na středním plameni. Přidejte česnek a vařte, dokud nebude voňavý, asi 30 sekund. Přidejte rajčata, artyčoková srdce, olivy, kapary a petržel. Dochuťte solí a pepřem podle chuti a vařte do tepla, asi 5 minut. Zrušit.

Umístěte seitan na servírovací talíř, naplňte zeleninovou směsí a posypte tofu feta, pokud používáte. Ihned podávejte.

## 79. Seitan S Ancho-Chipotle Omáčkou

**Vyrobí 4 porce**

- 2 lžíce olivového oleje
- 1 střední cibule, nakrájená
- 2 střední mrkve, nakrájené
- 2 stroužky česneku, nasekané
- 1 (28 uncí) plechovka drcených na ohni pečených rajčat
- $1/2$ šálku zeleninového vývaru, domácího (viz Světlý zeleninový vývar ) nebo z obchodu
- 2 sušené ancho chilli
- 1 sušený chipotle chile
- $1/2$ šálku žluté kukuřičné mouky

- $1/2$ lžičky soli
- $1/4$ lžičky čerstvě mletého černého pepře
- 1 libra seitanu, domácího nebo koupeného v obchodě, nakrájená na $1/4$ palcové plátky

Ve velkém hrnci rozehřejte na středním plameni 1 lžíci oleje. Přidejte cibuli a mrkev, přikryjte a vařte 7 minut. Přidejte česnek a vařte 1 minutu. Vmíchejte rajčata, vývar a ancho a chipotle chilli. Vařte odkryté 45 minut, poté omáčku nalijte do mixéru a rozmixujte dohladka. Vraťte do hrnce a udržujte teplé na velmi mírném ohni.

V mělké misce smíchejte kukuřičnou mouku se solí a pepřem. Seitan vydlabejte do směsi kukuřičné mouky a rovnoměrně obalte.

Ve velké pánvi rozehřejte 2 zbývající lžíce oleje na středním plameni. Přidejte seitan a vařte do zhnědnutí z obou stran, celkem asi 8 minut. Ihned podáváme s chilli omáčkou.

## 80. Seitan Piccata

**Vyrobí 4 porce**

- 1 libra seitanu, domácího nebo koupeného v obchodě, nakrájená na $1/4$ palcové plátky Sůl a čerstvě mletý černý pepř
- $1/2$ šálku univerzální mouky
- 2 lžíce olivového oleje
- 1 střední šalotka, mletá
- 2 stroužky česneku, nasekané
- 2 lžíce kapary
- $1/3$ šálku bílého vína
- $1/3$ šálku zeleninového vývaru, domácího (viz Světlý zeleninový vývar ) nebo koupeného v obchodě
- 2 lžíce čerstvé citronové šťávy
- 2 lžíce veganského margarínu
- 2 lžíce nasekané čerstvé petrželky

Předehřejte troubu na 275 °F. Seitan podle chuti osolte a opepřete a zasypte moukou.

Ve velké pánvi rozehřejte na středním plameni 2 lžíce oleje. Přidejte vydlabaný seitan a vařte, dokud z obou stran lehce nezhnědne, asi 10 minut. Seitan přendejte na žáruvzdorný talíř a udržujte teplý v troubě.

Ve stejné pánvi rozehřejte zbývající 1 lžíci oleje na středním plameni. Přidejte šalotku a česnek, vařte 2 minuty, poté vmíchejte kapary, víno a vývar. Vařte minutu nebo dvě, aby se mírně zredukoval, poté přidejte citronovou šťávu, margarín a petrželku a míchejte, dokud se margarín nespojí s omáčkou. Omáčkou přelijte osmahlý seitan a ihned podávejte.

## 81. Seitan třísemenný

**Vyrobí 4 porce**

- $1/4$ šálku nesolených vyloupaných slunečnicových semínek
- $1/4$ šálku nesolených vyloupaných dýňových semínek (pepitas)
- $1/4$ šálku sezamových semínek
- ¾ šálku univerzální mouky
- 1 lžička mletého koriandru
- 1 lžička uzené papriky
- $1/2$ lžičky soli
- $1/4$ lžičky čerstvě mletého černého pepře
- 1 libra seitanu, domácího nebo koupeného v obchodě, nakrájená na kousky velikosti sousta
- 2 lžíce olivového oleje

V kuchyňském robotu smíchejte slunečnicová semínka, dýňová semínka a sezamová semínka a rozdrťte na prášek. Přendejte do mělké mísy, přidejte mouku, koriandr, papriku, sůl a pepř a míchejte, aby se spojily.

Kousky seitanu navlhčete vodou a poté je vybagrujte do směsi semen, aby se úplně obalily.

Ve velké pánvi rozehřejte olej na středním plameni. Přidejte seitan a vařte, dokud lehce nezhnědne a z obou stran nebude křupavý. Ihned podávejte.

## 82. Fajitas bez hranic

**Vyrobí 4 porce**

- 1 lžíce olivového oleje
- 1 malá červená cibule, nakrájená
- 10 uncí seitanu, domácího nebo koupeného v obchodě, nakrájeného na $^1/_2$-palcové proužky
- $^1/_4$ šálku konzervovaných horkých nebo jemně mletých zelených chilli papriček
- Sůl a čerstvě mletý černý pepř
- (10palcové) tortilly z měkké mouky
- 2 šálky rajčatové salsy, domácí (viz Čerstvá rajčatová salsa ) nebo z obchodu

Ve velké pánvi rozehřejte olej na středním plameni. Přidejte cibuli, přikryjte a vařte do změknutí, asi 7 minut. Přidejte seitan a vařte odkryté 5 minut.

Přidejte sladké brambory, chilli, oregano a podle chuti osolte a opepřete a zamíchejte, aby se dobře promíchaly. Pokračujte ve vaření, dokud není směs horká a chutě se dobře propojí, za občasného míchání asi 7 minut.

Tortilly ohřejte na suché pánvi. Každou tortillu vložte do mělké misky. Do tortilly přidejte směs seitanu a sladkých brambor, pak každou přidejte asi $1/3$ šálku salsy. Posypte každou misku s 1 lžící oliv, pokud používáte. Ihned podávejte, se zbývající salsou podávanou stranou.

## 83. Seitan se zeleným jablkem

**Vyrobí 4 porce**

- 2 hrubě nakrájená jablka Granny Smith
- $1/2$ šálku jemně nakrájené červené cibule
- $1/2$ jalapeño chile, se semínky a nasekané
- 1 $1/2$ lžičky strouhaného čerstvého zázvoru
- 2 lžíce čerstvé limetkové šťávy
- 2 lžičky agávového nektaru
- Sůl a čerstvě mletý černý pepř
- 2 lžíce olivového oleje
- 1 libra seitanu, domácího nebo koupeného v obchodě, nakrájená na $1/2$-palcové plátky

Ve střední misce smíchejte jablka, cibuli, chilli, zázvor, limetkovou šťávu, agáve nektar a sůl a pepř podle chuti. Zrušit.

Na pánvi na středním plameni rozehřejte olej. Přidejte seitan a opékejte do zhnědnutí na obou stranách, jednou otočte, asi 4 minuty z každé strany. Dochuťte solí a pepřem podle chuti. Přidejte jablečnou šťávu a vařte minutu, dokud se nezredukuje. Ihned podáváme s jablečným pochutím.

## 84. Seitan a Brokolice-Shiitake Stir-Fry

**Vyrobí 4 porce**

- 2 lžíce řepkového nebo hroznového oleje
- 10 uncí seitanu, domácího nebo koupeného v obchodě, nakrájeného na $^1/_4$-palcové plátky
- 3 stroužky česneku, nasekané
- 2 lžičky strouhaného čerstvého zázvoru
- zelená cibule, mletá
- 1 střední svazek brokolice, nakrájený na 1-palcové růžičky
- 3 lžíce sójové omáčky
- 2 lžíce suchého sherry
- 1 lžička praženého sezamového oleje
- 1 lžíce pražených sezamových semínek

Ve velké pánvi rozehřejte 1 lžíci oleje na středně vysokou teplotu. Přidejte seitan a vařte za občasného míchání, dokud lehce nezhnědne, asi 3 minuty. Seitan přendejte do misky a dejte stranou.

Ve stejné pánvi rozehřejte zbývající 1 lžíci oleje na středně vysokou teplotu. Přidejte houby a vařte za častého míchání, dokud nezhnědnou, asi 3 minuty. Vmíchejte česnek, zázvor a zelenou cibulku a vařte ještě 30 sekund. Do uvařeného seitanu přidejte houbovou směs a odstavte.

Do stejné pánve přidejte brokolici a vodu. Přikryjte a vařte, dokud brokolice nezačne být jasně zelená, asi 3 minuty. Odkryjeme a vaříme za častého míchání, dokud se tekutina neodpaří a brokolice není křupavá, asi o 3 minuty déle.

Směs seitanu a hub vraťte na pánev. Přidejte sójovou omáčku a sherry a za stálého míchání smažte, dokud seitan a zelenina nejsou horké, asi 3 minuty. Pokapeme sezamovým olejem a sezamovými semínky a ihned podáváme.

## 85. Seitan brochettes with brosches

**Vyrobí 4 porce**

- $1/3$ šálku balzamikového octa
- 2 lžíce suchého červeného vína
- 2 lžíce světle hnědého cukru
- $1/4$ šálku nasekané čerstvé bazalky
- $1/4$ šálku nasekané čerstvé majoránky
- 2 lžíce mletého česneku
- 2 lžíce olivového oleje
- 1 libra seitanu, domácího nebo koupeného v obchodě, nakrájená na 1-palcové kousky
- šalotka, rozpůlená podélně a blanšírovaná
- Sůl a čerstvě mletý černý pepř
- 2 zralé broskve, vypeckované a nakrájené na 1-palcové kousky

smíchejte ocet, víno a cukr a přiveďte k varu. Snižte teplotu na střední a vařte za stálého míchání, dokud se nesníží na polovinu, asi 15 minut. Sundejte z plotny.

Ve velké míse smíchejte bazalku, majoránku, česnek a olivový olej. Přidejte seitan, šalotku a broskve a promíchejte, abyste obalili. Dochuťte solí a pepřem podle chuti

Předehřejte gril. *Seitan, šalotku a broskve napíchněte na špejle a potřete balzamikovou směsí.

Umístěte brožety na gril a opékejte, dokud seitan a broskve nejsou grilované, asi 3 minuty z každé strany. Potřeme zbylou balzamikovou směsí a ihned podáváme.

*Místo grilování můžete tyto brožety dát pod brojler. Grilujte 4 až 5 palců z tepla, dokud nejsou horké a lehce opečené kolem okrajů, asi 10 minut, jednou v polovině otočte.

## 86. Grilovaný seitan a zeleninové kaboby

**Vyrobí 4 porce**

- $1/3$ šálku balzamikového octa
- 2 lžíce olivového oleje
- 1 lžíce mletého čerstvého oregana nebo 1 lžička sušeného
- 2 stroužky česneku, nasekané
- $1/2$ lžičky soli
- $1/4$ lžičky čerstvě mletého černého pepře
- 1 libra seitanu, domácího nebo koupeného v obchodě, nakrájená na 1-palcové kostky
- 7 uncí malých bílých hub, lehce opláchnutých a osušených
- 2 malé cukety, nakrájené na 1-palcové kousky
- 1 středně žlutá paprika, nakrájená na 1-palcové čtverce
- zralá cherry rajčata

Ve střední misce smíchejte ocet, olej, oregano, tymián, česnek, sůl a černý pepř. Přidejte seitan, žampiony, cuketu, papriku a rajčata, aby se obalily. Marinujte při pokojové teplotě 30 minut, občas otočte. Seitan a zeleninu sceďte, marinádu si nechte.

Předehřejte gril. *Seitan, žampiony a rajčata napíchněte na špejle.

Špízy položte na rozpálený gril a opékejte, přičemž kaboby jednou v polovině grilování otočte, celkem asi 10 minut. Pokapeme malým množstvím odložené marinády a ihned podáváme.

*Místo grilování můžete tyto špízy dát pod brojler. Grilujte 4 až 5 palců od ohně, dokud nejsou horké a lehce opečené na okrajích, asi 10 minut, jednou v polovině grilování otočte.

### 87. Seitan En Croute

**Vyrobí 4 porce**

- 1 lžíce olivového oleje
- 2 střední šalotky, mleté
- unce bílých hub, mletých
- ¹/₄ šálku Madeiry
- 1 lžíce nasekané čerstvé petrželky
- ¹/₂ lžičky sušeného tymiánu
- ¹/₂ lžičky sušeného pikantního
- 2 šálky jemně nakrájených kostek suchého chleba
- Sůl a čerstvě mletý černý pepř
- 1 list zmrazeného listového těsta, rozmražený
- ( ¹/₄ palce tlusté) plátky seitanu asi 3 x 4 palce ovály nebo obdélníky, osušené

Ve velké pánvi rozehřejte olej na středním plameni. Přidejte šalotku a vařte do změknutí, asi 3 minuty. Přidejte houby a za občasného míchání vařte, dokud houby nezměknou, asi 5 minut. Přidejte madieru, petržel, tymián a pikantní a vařte, dokud se tekutina téměř neodpaří. Vmícháme kostky chleba a dochutíme solí a pepřem podle chuti. Dejte stranou vychladnout.

Položte plát listového těsta na velký kus plastové fólie na rovné pracovní ploše. Navrch dejte další kousek igelitu a pomocí válečku těsto lehce rozválejte, aby se vyhladilo. Těsto nakrájíme na čtvrtky. Do středu každého kousku těsta položte 1 plátek seitanu. Rozdělte mezi ně nádivku a rozprostřete ji tak, aby pokryla seitan. Každý položte zbývajícími plátky seitanu. Těsto přehněte, aby se vložila náplň, okraje přimáčkněte prsty, aby se utěsnily. Balíčky pečiva položte švem dolů na velký nevymaštěný plech a dejte na 30 minut do chladu. Předehřejte troubu na 400 °F. Pečte, dokud není kůrka zlatavě hnědá, asi 20 minut. Ihned podávejte.

## 88. Seitan a bramborová torta

**Vyrobí 6 porcí**

- 2 lžíce olivového oleje
- 1 středně žlutá cibule, nasekaná
- 4 šálky nakrájeného čerstvého baby špenátu nebo odstopkovaného mangoldu
- 8 uncí seitanu, domácího nebo koupeného v obchodě, jemně nasekaný
- 1 lžička mleté čerstvé majoránky
- $1/2$ lžičky mletého fenyklového semene
- $1/4$ až $1/2$ lžičky drcené červené papriky
- Sůl a čerstvě mletý černý pepř
- 2 libry brambor Yukon Gold, oloupané a nakrájené na $1/4$ palcové plátky
- $1/2$ šálku veganského parmazánu nebo parmasia

Předehřejte troubu na 400 °F. Lehce naolejujte třílitrový kastrol nebo pekáč 9 x 13 palců a dejte stranou.

Ve velké pánvi rozehřejte na středním plameni 1 lžíci oleje. Přidejte cibuli, přikryjte a vařte do změknutí, asi 7 minut. Přidejte špenát a odkryté vařte do zvadnutí asi 3 minuty. Vmíchejte seitan, majoránku, fenyklové semínko a drcenou červenou papriku a vařte, dokud se dobře nespojí. Dochuťte solí a pepřem podle chuti. Zrušit.

Plátky rajčat rozložte na dno připravené pánve. Navrch dejte vrstvu mírně se překrývajících plátků brambor. Bramborovou vrstvu potřete trochou zbývající 1 lžíce oleje a dochuťte solí a pepřem podle chuti. Na brambory potřete asi polovinu směsi seitanu a špenátu. Navrch dejte další vrstvu brambor a poté zbylou směs seitanu a špenátu. Navrch dejte poslední vrstvu brambor, pokapejte zbylým olejem a podle chuti osolte a opepřete. Posypte parmazánem. Přikryjte a pečte, dokud brambory nezměknou, 45 minut až 1 hodinu. Odkryjte a pokračujte v pečení, aby se povrch zhnědl, 10 až 15 minut. Ihned podávejte.

## 89. Rustic Cottage Pie

**Vyrobí 4 až 6 porcí**

- Brambory Yukon Gold, oloupané a nakrájené na 1-palcové kostky
- 2 lžíce veganského margarínu
- $1/4$ šálku obyčejného neslazeného sójového mléka
- Sůl a čerstvě mletý černý pepř
- 1 lžíce olivového oleje
- 1 středně žlutá cibule, nakrájená nadrobno

- 1 střední mrkev, jemně nakrájená
- 1 celerové žebro, nakrájené nadrobno
- unce seitanu, domácího nebo koupeného v obchodě, jemně nasekaný
- 1 šálek mraženého hrášku
- 1 šálek mražených kukuřičných zrn
- 1 lžička sušeného pikantního
- $1/2$ lžičky sušeného tymiánu

V hrnci s vroucí osolenou vodou vařte brambory do měkka, 15 až 20 minut. Dobře sceďte a vraťte do hrnce. Přidejte margarín, sójové mléko a podle chuti sůl a pepř. Tyčem na brambory nahrubo rozmačkáme a dáme stranou. Předehřejte troubu na 350 °F.

Ve velké pánvi rozehřejte olej na středním plameni. Přidejte cibuli, mrkev a celer. Přikryjte a vařte do měkka, asi 10 minut. Přeneste zeleninu do pekáče o rozměrech 9 x 13 palců. Vmíchejte seitan, houbovou omáčku, hrášek, kukuřici, pikantní a tymián. Dochuťte solí a pepřem podle chuti a směs rovnoměrně rozprostřete do pekáče.

Navrch dejte bramborovou kaši, kterou rozetřete až k okrajům pekáče. Pečte, dokud brambory nezhnědnou a náplň není bublinková, asi 45 minut. Ihned podávejte.

## 90. Seitan se špenátem a rajčaty

**Vyrobí 4 porce**

- 2 lžíce olivového oleje
- 1 libra seitanu, domácího nebo koupeného v obchodě, nakrájená na $1/4$ palcové proužky
- Sůl a čerstvě mletý černý pepř
- 3 stroužky česneku, nasekané
- 4 šálky čerstvého baby špenátu
- sušená rajčata v oleji, nakrájená na $1/4$-palcové proužky
- $1/2$ šálku vypeckovaných oliv Kalamata, rozpůlených
- 1 lžíce kapary
- $1/4$ lžičky drcené červené papriky

Ve velké pánvi rozehřejte olej na středním plameni. Přidejte seitan, dochuťte solí a černým pepřem podle chuti a vařte do zhnědnutí, asi 5 minut z každé strany.

Přidejte česnek a vařte 1 minutu, aby změkl. Přidejte špenát a vařte, dokud nezvadne, asi 3 minuty. Vmícháme rajčata, olivy, kapary a drcenou červenou papriku. Dochuťte solí a černým pepřem podle chuti. Vařte, míchejte, dokud se chutě nespojí, asi 5 minut

Ihned podávejte.

### 91. Seitan a vroubkované brambory

**Vyrobí 4 porce**

- 2 lžíce olivového oleje
- 1 malá žlutá cibule, nasekaná
- $1/4$ šálku mleté zelené papriky
- velké brambory Yukon Gold, oloupané a nakrájené na $1/4$-palcové plátky
- $1/2$ lžičky soli
- $1/4$ lžičky čerstvě mletého černého pepře
- 10 uncí seitanu, domácího nebo koupeného v obchodě, nasekaný
- $1/2$ šálku obyčejného neslazeného sójového mléka
- 1 lžíce veganského margarínu
- 2 lžíce nasekané čerstvé petrželky, jako ozdoba

Předehřejte troubu na 350 °F. 10palcový čtvercový pekáč lehce naolejujte a dejte stranou.

V pánvi rozehřejte olej na středním plameni. Přidejte cibuli a papriku a vařte do měkka, asi 7 minut. Zrušit.

Do připraveného pekáče navrstvíme polovinu brambor a podle chuti posypeme solí a černým pepřem. Na brambory přisypeme směs cibule a papriky a nakrájený seitan. Poklaďte zbývajícími plátky brambor a dochuťte solí a černým pepřem podle chuti.

Ve střední misce smíchejte hnědou omáčku a sójové mléko, dokud se dobře nespojí. Nalijte na brambory. Horní vrstvu potřeme margarínem a přikryjeme fólií. Pečte 1 hodinu. Odstraňte alobal a pečte dalších 20 minut, nebo dokud není povrch zlatavě hnědý. Ihned podáváme posypané petrželkou.

## 92. Korejské nudle Stir-Fry

**Vyrobí 4 porce**

- 8 uncí dang myun nebo nudlí s fazolovými nitěmi
- 2 lžíce praženého sezamového oleje
- 1 lžíce cukru
- 1/4 lžičky soli
- 1/4 lžičky mletého kajenského pepře
- 2 lžíce řepkového nebo hroznového oleje
- 8 uncí seitanu, domácího nebo koupeného v obchodě, nakrájeného na 1/4 palcové proužky
- 1 střední cibule, rozpůlená podélně a nakrájená na tenké plátky
- 1 střední mrkev, nakrájená na tenké tyčinky
- 6 uncí čerstvých hub shiitake, zbavených stopek a nakrájených na tenké plátky
- 3 šálky jemně nakrájeného bok choy nebo jiného asijského zelí

- 3 zelené cibule, nakrájené
- 3 stroužky česneku, jemně nasekané
- 1 šálek fazolových klíčků
- 2 lžíce sezamových semínek, na ozdobu

Nudle namočte na 15 minut do horké vody. Sceďte a propláchněte pod studenou vodou. Zrušit.

V malé misce smíchejte sójovou omáčku, sezamový olej, cukr, sůl a kajenský pepř a dejte stranou.

Ve velké pánvi rozehřejte 1 lžíci oleje na středně vysokou teplotu. Přidejte seitan a za stálého míchání smažte, dokud nezhnědne, asi 2 minuty. Sundejte z pánve a dejte stranou.

Přidejte zbývající 1 lžíci řepkového oleje do stejné pánve a zahřívejte na středně vysokou teplotu. Přidejte cibuli a mrkev a za stálého míchání opékejte do změknutí, asi 3 minuty. Přidejte houby, bok choy, zelenou cibulku a česnek a za stálého míchání smažte, dokud nezměknou, asi 3 minuty.

Přidejte fazolové klíčky a za stálého míchání smažte 30 sekund, poté přidejte vařené nudle, opražený seitan a sójovou omáčku a míchejte, aby obalil. Pokračujte ve vaření za občasného míchání, dokud nebudou ingredience horké a dobře spojené, 3 až 5 minut. Přendejte do velké servírovací mísy, posypte sezamovými semínky a ihned podávejte.

## 93. Jerk-Spiced Red Bean Chili

**Vyrobí 4 porce**

- 1 lžíce olivového oleje
- 1 střední cibule, nakrájená
- 10 uncí seitanu, domácího nebo koupeného v obchodě, nasekaný
- 3 šálky vařené nebo 2 (15,5 unce) plechovky tmavě červených fazolí, scezené a opláchnuté
- (14,5 unce) plechovka drcených rajčat
- (14,5 unce) nakrájená rajčata v konzervě, okapaná
- (4 unce) nakrájené jemné nebo horké zelené chilli papričky, okapané
- $1/2$ šálku barbecue omáčky, domácí nebo koupené v obchodě
- 1 šálek vody
- 1 lžíce sójové omáčky

- 1 lžíce chilli prášku
- 1 lžička mletého kmínu
- 1 lžička mletého nového koření
- 1 lžička cukru
- $1/2$ lžičky mletého oregana
- $1/4$ lžičky mletého kajenského pepře
- $1/2$ lžičky soli
- $1/4$ lžičky čerstvě mletého černého pepře

Ve velkém hrnci rozehřejte olej na středním plameni. Přidejte cibuli a seitan. Zakryjte a vařte, dokud cibule nezměkne, asi 10 minut.

Vmíchejte fazole, drcená rajčata, nakrájená rajčata a chilli papričky. Vmíchejte barbecue omáčku, vodu, sójovou omáčku, chilli prášek, kmín, nové koření, cukr, oregano, kajenský pepř, sůl a černý pepř.

Přiveďte k varu, poté snižte teplotu na střední a přikryté vařte, dokud zelenina nezměkne, asi 45 minut. Odkryjeme a dusíme ještě asi 10 minut. Ihned podávejte.

## 94. Podzimní guláš

**Vyrobí 4 až 6 porcí**

- 2 lžíce olivového oleje
- 10 uncí seitanu, domácího nebo koupeného v obchodě, nakrájeného na 1-palcové kostky
- Sůl a čerstvě mletý černý pepř
- 1 velká žlutá cibule, nakrájená
- 2 stroužky česneku, nasekané
- 1 velký červenohnědý brambor, oloupaný a nakrájený na $^1/_2$-palcové kostky
- 1 střední pastinák, nakrájený na $^1/_4$ palcové kostky nakrájené
- 1 malá máslová dýně, oloupaná, rozpůlená, zbavená semínek a nakrájená na $^1/_2$-palcové kostky
- 1 menší hlávkové savojové zelí, nakrájené
- 1 (14,5 unce) plechovka nakrájených rajčat, okapaných
- 1 $^1/_2$ šálků vařené nebo 1 (15,5 unce) plechovky cizrny, scezené a propláchnuté

- 2 šálky zeleninového vývaru, domácího (viz Světlý zeleninový vývar ) nebo z obchodu, nebo vody
- 1/2 lžičky sušené majoránky
- 1/2 lžičky sušeného tymiánu
- 1/2 šálku nadrobených těstovin z andělských vlasů

Ve velké pánvi rozehřejte 1 lžíci oleje na středně vysokou teplotu. Přidejte seitan a vařte do zhnědnutí ze všech stran, asi 5 minut. Dochuťte solí a pepřem podle chuti a dejte stranou.

Ve velkém hrnci rozehřejte zbývající 1 lžíci oleje na středním plameni. Přidejte cibuli a česnek. Přikryjte a vařte do změknutí, asi 5 minut. Přidejte brambory, mrkev, pastinák a dýni. Přikryjte a vařte do změknutí, asi 10 minut.

Vmícháme zelí, rajčata, cizrnu, vývar, víno, majoránku, tymián a podle chuti osolíme a opepříme. Přiveďte k varu a poté snižte teplotu na minimum. Zakryjte a za občasného míchání vařte, dokud zelenina nezměkne, asi 45 minut. Přidejte uvařený seitan a těstoviny a vařte, dokud těstoviny nezměknou a chutě se nespojí, asi o 10 minut déle. Ihned podávejte.

## 95. Italská rýže se Seitanem

**Vyrobí 4 porce**

- 2 šálky vody
- 1 šálek dlouhozrnné hnědé nebo bílé rýže
- 2 lžíce olivového oleje
- 1 středně žlutá cibule, nakrájená
- 2 stroužky česneku, nasekané
- 10 uncí seitanu, domácího nebo koupeného v obchodě, nasekaný
- 4 unce bílých hub, nakrájených
- 1 lžička sušené bazalky
- $1/2$ lžičky mletého fenyklového semene
- $1/4$ lžičky drcené červené papriky
- Sůl a čerstvě mletý černý pepř

Ve velkém hrnci přiveďte vodu k varu na vysokou teplotu. Přidejte rýži, snižte teplotu na minimum, přikryjte a vařte do měkka, asi 30 minut.

Ve velké pánvi rozehřejte olej na středním plameni. Přidejte cibuli, přikryjte a vařte do změknutí, asi 5 minut. Přidejte seitan a vařte odkryté do zhnědnutí. Vmícháme houby a vaříme do měkka, asi 5 minut déle. Vmíchejte bazalku, fenykl, drcenou červenou papriku a podle chuti sůl a černý pepř.

Uvařenou rýži přendejte do velké servírovací mísy. Vmícháme seitanovou směs a důkladně promícháme. Přidejte velké množství černého pepře a ihned podávejte.

## 96. Dvoubramborový haš

**Vyrobí 4 porce**

- 2 lžíce olivového oleje
- 1 střední červená cibule, nakrájená
- 1 střední červená nebo žlutá paprika, nakrájená
- 1 vařený středně červenohnědý brambor, oloupaný a nakrájený na ½-palcové kostky
- 1 vařený střední sladký brambor, oloupaný a nakrájený na ½-palcové kostky
- 2 šálky nakrájeného seitanu, domácí
- Sůl a čerstvě mletý černý pepř

Ve velké pánvi rozehřejte olej na středním plameni. Přidejte cibuli a papriku. Přikryjte a vařte do změknutí, asi 7 minut.

Přidejte bílé brambory, sladké brambory a seitan a dochuťte solí a pepřem podle chuti. Vařte odkryté za častého míchání asi 10 minut do lehkého zhnědnutí. Podávejte horké.

### 97. Zakysaná smetana Seitan Enchiladas

SLUŽBA 8
INGREDIENCE

Seitan
- 1 šálek vitální pšeničné lepkové mouky
- 1/4 hrnku cizrnové mouky
- 1/4 šálku nutričního droždí
- 1 lžička cibulového prášku
- 1/2 lžičky česnekového prášku
- 1 1/2 lžičky prášku ze zeleninového vývaru
- 1/2 šálku vody
- 2 lžíce čerstvě vymačkané citronové šťávy
- 2 lžíce sójové omáčky
- 2 hrnky zeleninového vývaru

Zakysaná smetanová omáčka
- 2 lžíce veganského margarínu

- 2 lžíce mouky
- 1 1/2 šálku zeleninového vývaru
- 2 (8 uncí) kartony veganské zakysané smetany
- 1 šálek salsa verde (tomatillo salsa)
- 1/2 lžičky soli
- 1/2 lžičky mletého bílého pepře
- 1/4 šálku nasekaného koriandru

Enchiladas
- 2 lžíce olivového oleje
- 1/2 střední cibule, nakrájená na kostičky
- 2 stroužky česneku, mleté
- 2 chilli papričky serrano, mleté (viz tip)
- 1/4 šálku rajčatové pasty
- 1/4 šálku vody
- 1 lžíce kmínu
- 2 lžíce chilli prášku
- 1 lžička soli
- 15-20 kukuřičných tortill
- 1 (8 oz) balení Daiya Cheddar Style Shreds
- 1/2 šálku nasekaného koriandru

METODA
a) Připravte seitan. Předehřejte troubu na 325 stupňů Fahrenheita. Zapékací misku s víkem lehce naolejujte nepřilnavým sprejem. Smíchejte mouky, nutriční droždí, koření a zeleninový vývar ve velké míse. Smíchejte vodu, citronovou šťávu a sójovou omáčku v malé misce. Mokré ingredience přidáme k suchým a mícháme, dokud nevznikne těsto. Podle potřeby upravte množství vody nebo lepku (viz tip). Těsto hněteme 5 minut a poté vytvarujeme bochník. Vložte

seitan do kastrolu a zalijte 2 šálky zeleninového vývaru. Přikryjte a vařte 40 minut. Bochník otočte, přikryjte a pečte dalších 40 minut. Seitan vyjměte z misky a nechte jej odpočívat, dokud dostatečně nevychladne, aby se s ním dalo manipulovat.

b) Zapíchněte vidličku do horní části seitanového bochníku a jednou rukou ji držte na místě. Pomocí druhé vidličky nakrájejte bochník na malé kousky a drobení.

c) Připravte omáčku ze zakysané smetany. Ve velkém hrnci na středním plameni rozpusťte margarín. Drátěnou metličkou vmícháme mouku a 1 minutu povaříme. Za stálého šlehání pomalu přilévejte zeleninový vývar do hladka. Vařte 5 minut za stálého šlehání, dokud omáčka nezhoustne. Přišlehejte zakysanou smetanu a salsu verde a poté vmíchejte zbývající ingredience omáčky. Nenechte vařit, ale vařte, dokud se neprohřeje. Sundejte z plotny a dejte stranou.

d) Připravte enchiladas. Ve velké pánvi na středním plameni rozehřejte olivový olej. Přidejte cibuli a vařte 5 minut nebo dokud nebude průhledná. Přidejte česnek a chilli Serrano a vařte ještě 1 minutu. Vmíchejte nastrouhaný seitan, rajčatový protlak, kmín, chilli prášek a sůl. Vařte 2 minuty, poté stáhněte z ohně.

e) Předehřejte troubu na 350 stupňů Fahrenheita. Tortilly ohřejte na pánvi nebo v mikrovlnné troubě a přikryjte kuchyňskou utěrkou. Na dno 5litrové zapékací mísy rozetřete 1 šálek zakysané smetanové omáčky. Na tortillu dejte skrovnou 1/4 šálku drcené směsi seitanu a 1 polévkovou lžíci Daiya. Srolujte a vložte do zapékací mísy švem dolů. Opakujte se zbývajícími tortillami. Enchiladas zalijte zbývající zakysanou smetanovou omáčkou a poté posypte Daiya.

f) Enchiladas pečte 25 minut nebo dokud nebudou bublat a lehce zhnědnou. Necháme 10 minut vychladnout. Posypte 1/2 šálkem nasekaného koriandru a podávejte.

### 98. Veganská plněná seitan pečeně

Ingredience

Pro seitana:
- 4 velké stroužky česneku

- 350 ml zeleninového vývaru studeného
- 2 lžíce slunečnicového oleje
- 1 lžička marmite volitelně
- 280 g vitálního pšeničného lepku
- 3 lžíce výživných vloček z kvasnic
- 2 lžičky sladké papriky
- 2 lžičky zeleninového bujónu v prášku
- 1 lžička čerstvých jehliček rozmarýnu
- ½ lžičky černého pepře

Plus:
- 500 g veganské nádivky z červeného zelí a hub
- 300 g Pikantní dýňové pyré
- Metrické – americké obvyklé

Instrukce
a) Předehřejte troubu na 180 °C (350 °F/plyn značka 4).
b) Ve velké míse smíchejte vitální pšeničný lepek, nutriční kvasnice, bujónový prášek, papriku, rozmarýn a černý pepř.
c) Pomocí mixéru (stolního nebo ponorného) rozmixujte česnek, vývar, olej a marmite dohromady a poté přidejte k suchým ingrediencím.
d) Dobře promíchejte, dokud se vše nespojí, a poté pět minut hněťte. (poznámka 1)
e) Na velkém kusu silikonového pečícího papíru rozválejte seitan do vágně obdélníkového tvaru, dokud nebude silný asi 1,5 cm (½").
f) Bohatě potřete dýňovým pyré a poté přidejte vrstvu zelí a houbové nádivky.
g) Pomocí pečícího papíru a začněte na jednom z kratších konců opatrně srolujte seitan do tvaru polena. Snažte se

při tom nenatahovat seitan. Stiskněte konce seitanu k sobě, aby se uzavřel.

h) Špalek pevně zabalte do hliníkové fólie. Pokud je vaše fólie tenká, použijte dvě nebo tři vrstvy.
i) (Zabalím svůj jako obří karamel – a pevně zakroutím konce fólie, aby se zabránilo jeho uvolnění!)
j) Umístěte seitan přímo na polici ve středu trouby a pečte dvě hodiny a každých 30 minut jej otočte, abyste zajistili rovnoměrné vaření a zhnědnutí.
k) Jakmile je uvařená, nechte plněnou seitanovou pečínku v obalu 20 minut odpočívat, než ji krájíte.
l) Podávejte s tradiční pečenou zeleninou, houbovou omáčkou a dalšími ozdobami, které máte rádi.

## 100. Kubánský sendvič seitan

Ingredience
- Mojo pečený seitan:
- 3/4 šálku čerstvé pomerančové šťávy
- 3 lžíce čerstvé limetkové šťávy
- 3 lžíce olivového oleje
- 4 stroužky česneku, mleté
- 1 lžička sušeného oregana
- 1/2 lžičky mletého kmínu
- 1/2 lžičky soli
- 1/2 libry seitanu, nakrájené na 1/4 palce silné plátky

Pro montáž:
- 4 (6 až 8 palců dlouhé) veganské podmořské sendvičové rolky nebo 1 měkký veganský italský bochník, nakrájený po šířce na 4 kusy
- Veganské máslo pokojové teploty nebo olivový olej
- Žlutá hořčice

- 1 šálek plátků nálevu s máslem 8 plátků veganské šunky zakoupené v obchodě
- 8 plátků jemného veganského sýra (upřednostňujeme příchuť amerického nebo žlutého sýra)

Pokyny

a) Připravte seitan: Předehřejte troubu na 375 °F. V keramickém nebo skleněném pekáči o rozměrech 7 x 11 palců šlehejte dohromady všechny ingredience mojo kromě seitanu. Přidejte proužky seitanu a potřete je marinádou. Pečte 10 minut, pak plátky jednou obraťte, dokud okraje lehce nezhnědnou a zůstane šťavnatá marináda (nepřepékejte!). Vyndejte z trouby a nechte vychladnout.

b) Sestavte sendviče: Každý rohlík nebo kousek chleba rozkrojte vodorovně na polovinu a obě poloviny bohatě potřete máslem nebo potřete olivovým olejem. Na spodní polovinu každé rolky potřete silnou vrstvu hořčice, několik plátků kyselé okurky, dva plátky šunky a jednu čtvrtinu plátků seitanu a navrch dejte dva plátky sýra.

c) Naneste trochu zbývající marinády na řeznou stranu druhé poloviny rohlíku a poté položte na spodní polovinu sendviče. Vnější strany sendviče potřete trochou olivového oleje nebo potřete máslem.

d) Předehřejte 10- až 12palcovou litinovou pánev na střední teplotu. Opatrně přeneste dva sendviče na pánev, pak na ně položte něco těžkého a žáruvzdorného, jako je další litinová pánev nebo cihla pokrytá několika vrstvami odolné hliníkové fólie. Sendvič grilujte 3 až 4 minuty a pečlivě sledujte, aby se chléb nepřipálil; v případě potřeby snižte teplotu během pečení sendviče.

e) Když chléb vypadá opečený, vyjměte pánev/cihlu a pomocí široké špachtle opatrně otočte každý sendvič. Znovu přitlačte závažím a vařte další asi 3 minuty, dokud není sýr horký a roztavený.

f) Odstraňte váhu, přeneste každý sendvič na prkénko a diagonálně nakrájejte zoubkovaným nožem. Podávejte ho

# ZÁVĚR

Tempeh nabízí silnější ořechovou chuť a je hutnější a má vyšší obsah vlákniny a bílkovin. Seitan je záludnější než tempeh, protože se díky své pikantní chuti může často vydávat za maso. Jako bonus má také vyšší obsah bílkovin a nižší obsah sacharidů.

Seitan je nejméně rostlinný protein, který vyžaduje nejmenší množství přípravy. Obvykle můžete seitanem nahradit maso v receptech s použitím náhrady 1:1 a na rozdíl od masa nemusíte před jídlem ohřívat. Jedním z nejlepších způsobů použití je jako drobenka v omáčce na těstoviny.

Pokud jde o tempeh, je důležité dobře marinovat. Možnosti marinády mohou zahrnovat sójovou omáčku, limetkovou nebo citronovou šťávu, kokosové mléko, arašídové máslo, javorový sirup, zázvor nebo koření. Pokud nemáte hodiny na marinování tempehu, můžete ho spařit vodou, aby změknul a byl poréznější.

Milton Keynes UK
Ingram Content Group UK Ltd.
UKHW022027131124
451149UK00013B/1330